한권으로 끝내는
블록체인
교과서

ICHIBAN YASASHII BLOCKCHAIN NO KYOHON

Copyright ⓒ 2017 Yasunori Sugii

Original Japanese edition published by Impress Corporation.
Korean translation rights arranged with Impress Corporation, through The English Agency (Japan) Ltd.
and Danny Hong Agency.

한 권으로 끝내는 **블록체인 교과서**

1쇄 발행 2020년 9월 28일
2쇄 발행 2022년 2월 10일

지은이 스기이 야스노리
옮긴이 이중민
펴낸이 장성두
펴낸곳 주식회사 제이펍

출판신고 2009년 11월 10일 제406 - 2009 - 000087호
주소 경기도 파주시 회동길 159 3층 3-B호 / **전화** 070-8201-9010 / **팩스** 02-6280-0405
홈페이지 www.jpub.kr / **원고투고** submit@jpub.kr / **독자문의** help@jpub.kr / **교재문** textbook@jpub.kr

편집부 김정준, 이민숙, 최병찬, 이주원, 송영화
소통기획부 이상복, 송찬수, 배인혜 / **소통지원부** 민지환, 김수연 / **총무부** 김유미

진행 및 교정·교열 이주원 / **내지디자인** 최병찬 / **내지편집** 성은경 / **표지디자인** 미디어픽스
용지 신승지류유통 / **인쇄** 해외정판사 / **제본** 일진제책사

ISBN 979-11-90665-22-3(93000)
값 25,000원

제이펍은 독자 여러분의 아이디어와 원고 투고를 기다리고 있습니다. 책으로 펴내고자 하는 아이디어나 원고가
있는 분께서는 책의 간단한 개요와 차례, 구성과 저(역)자 약력 등을 메일(submit@jpub.kr)로 보내주세요.

한 권으로 끝내는 블록체인 교과서

스가야 야스노리 지음 / 이중민 옮김

제이펍

차 례

CHAPTER 1 블록체인 이해하기

CHAPTER 2 비트코인 살펴보기

CHAPTER 3　블록체인을 지원하는 암호화 기술 이해하기

CHAPTER 4   블록체인을 지원하는 분산 시스템

CHAPTER 5 지갑의 구조 이해하기

CHAPTER 6 블록체인에 거래를 기록하는 트랜잭션 이해하기

CHAPTER 7 스마트 계약의 계약 집행 구조 이해하기

CHAPTER 8 블록체인을 활용하는 세계 상상하기

한국에서는 암호화폐 중심의 블록체인 산업에 대한 관심이 식은 상황입니다. 그러나 블록체인 기술 자체는 아직 다양한 IT 기술에 활용할 가능성이 충분합니다. 한국 역시 주목받는 상황은 아니지만, 다양한 블록체인 기술 관련 커뮤니티나 회사들이 열심히 활동 중입니다. 또한 코로나(COVID)-19 등 전 세계의 경제가 재편되는 흐름 가운데, 블록체인이 언제, 어떤 상황에서 다시 비상할지 알 수 없습니다.

이 책은 비트코인을 중심으로 블록체인이 무엇인지를 대중적인 시각에서 알려 주는 백서와 같습니다. 블록체인을 정의하고, 비트코인을 소개하며, 블록체인을 지원하는 암호화 기술과 분산 시스템의 원리를 설명하고, 스마트 계약을 중심으로 펼쳐지는 미래의 모습까지 예측했습니다. 지금까지 한국에서 출간된 블록체인 관련 책이 기술이나 암호화폐 중심의 경제 관점을 다루었다면, 이 책은 저자가 밝히는 것처럼 기술과 경제 관점 양쪽에서 최대한 균형을 맞추려고 노력했습니다.

일본은 2010년대 후반 암호화폐를 법으로 인정했고, 블록체인과 관련해서 다양한 프로젝트를 진행하는 중입니다. 이 책은 그러한 프로젝트가 막 시작할 때 쓰였고 번역하면서는 책의 원래 내용을 바탕으로 하되, 2020년 현재 시점에서 어떠한 상황인지를 소개하려고 노력했습니다. 블록체인에 관심을 두는 분이라면 이 책을 읽고 블록체인이 주목을 받은 시기부터 현재에 이르기까지의 다양한 지식을 살펴보기 바랍니다. 그리고 블록체인의 미래를 생각해 볼 기회가 되었으면 합니다.

옮긴이 **이중민**

블록체인 무엇인지 알기 쉽게 설명하기는 매우 어렵습니다. 암호화폐와 핀테크 분야에서 많이 다루므로 '금융 관련 기반 기술'이라고 막연하게 생각하는 사람도 있을 것입니다. 혹은 '분산 원장 기술'이라고 생각하는 사람도 있을 것입니다. '블록 여러 개를' 이어 정보를 기록하는 데이 터베이스의 하나'라고 생각할지도 모릅니다. 사실 모두 정답입니다.

블록체인은 어떤 애플리케이션 하나를 개발하는 방법이나 특정 프레임워크의 개념을 익히는 것이 아닙니다. 암호화, 데이터 구조, P2P 통신, 분산 시스템, 분산 합의 등 각각이 책 한 권을 쓸 수 있는 주제가 서로 얽혀 '거래 장부의 혁명'이라는 목적을 이루는 포괄적인 개념을 익히 는 것입니다.

이 책은 기술을 잘 모르는 사람도 블록체인이라는 어려운 이야기를 이해하기 쉽도록 쓴 책입 니다. '가급적 순서대로 자연스럽게 읽도록 구성했고, 기술 관련 용어는 친절하게 설명한다'는 원칙을 두었습니다.

1장에서는 블록체인이 무엇인지를 소개하고, 2장에서는 비트코인 거래를 체험하는 과정을 살 펴봅니다. 3장에서는 암호화 기술, 4장에서는 분산 시스템과 네트워크가 무엇인지 다룹니다. 이 내용은 5~7장에서 설명하는 블록체인 기술을 이해하는 데 중요합니다.

독자의 목적에 따라 필요한 정보가 다를 수 있습니다. 블록체인의 특징을 알고 비즈니스에 응 용하려는 사람은 1장, 2장, 7장, 8장(활용 사례)을 읽기를 권합니다. 블록체인이 '어떻게 동작하 는지' 제대로 알고 싶은 사람은 3~6장에서 소개하는 암호화와 트랜잭션(거래) 관련 지식이 중 요합니다.

지금까지 블록체인 관련 책은 쉬운 입문서나 고급 전문서가 많았습니다. 이 책에서는 다른 책 과 다르게 블록체인의 전체 개념을 기초부터 확실히 배울 수 있도록 구성했습니다. 많은 분이 블록체인을 이해하는 데 이 책이 큰 도움이 되길 바랍니다.

지은이 **스기이 야스노리**

 공민서(이글루시큐리티)

블록체인에 대해서 키워드 몇 개만 들어보고 분산 원장 기술이라고만 생각했는데, 이 책을 통해 분산 원장 기술 중 하나이자 이를 구현하기 위한 여러 하위 기술들의 집합체라는 것을 알았습니다. 각 개념에 대해서 상세히 설명하고 있어 나중에도 여러 번 들춰 보게 될 책입니다.

 김진영(야놀자)

책의 내용은 블록체인에 대한 깊은 이해가 없는 상황에서도 읽을 수 있게 쉬운 난이도로 집필되었습니다. 개인적으로 가장 좋았던 부분은 블록체인이 코인 외에 어떻게 쓰일 수 있는지에 대한 예시들을 알려 주는 부분이었습니다. 블록체인을 실제 구축하여 사용하기 위해 참고서로 활용하려는 분이 아닌, 블록체인이라 하면 코인만 떠오르는 분들이 가볍게 읽어 보기 좋은 책이라 생각됩니다.

 노승환(크래프트테크놀로지스)

어렵고 생소한 개념을 초보자도 이해하기 쉬운 말로 잘 풀어내었습니다. 특히, 블록체인이 적용 가능한 여러 가지 사례를 제시해주어 나중에 블록체인이 가져올 미래가 어떠할지 매우 기대되게 만들었습니다. 블록체인에 무관심한 사람에게도 권하고 싶은 책이었습니다.

 이용진(삼성SDS)

블록체인에 대해 아무것도 모르는 입문자부터 어느 정도 알고 있는 사람 모두에게 유용한 내용을 담고 있습니다. 초급을 1점, 최상급을 5점으로 주었을 때, 1~4점까지 커버하는 내용을 쉽게 풀어서 설명해 줍니다. 블록체인에 대해서 알고 싶은 분들에게 추천하고 싶은 책입니다.

이창화(경북대학교)

우리나라에서는 '블록체인 = 비트코인'이라 생각하는 분들이 아직까지 많습니다. 블록체인을 활용한 기술 중 하나인 암호화폐에 대한 인식으로 인해 블록체인 기술이 다소 더디게 받아들여지고 있지만, 기술 자체의 우수성과 활용성은 높다고 평가됩니다. 탈중앙화 방식으로 거래 기반의 비즈니스 계약, 증권 등 앞으로 적용될 분야가 많다고 봅니다. 이 책은 블록체인의 기본을 잘 설명하고 있어서 블록체인이 어떻게 이뤄지고 앞으로 어떻게 나아가야 할지 그 솔루션을 제시해 줍니다. 그리고 전반적으로 챕터 내 레슨이 짧게 구성되어 틈틈히 읽기 좋은 기본서입니다.

 임재곤

블록체인에 대한 개념을 전반적으로 매우 쉽게 배울 수 있어서 좋았습니다. 어려운 내용을 군더더기 없이 풀어내어 이해가 매우 잘 되고, 책의 가독성도 좋고, 구성도 깔끔해서 무척 잘 읽힙니다. 전반적인 개념을 잡고 싶다면 이 책을 적극 추천합니다!

 임혁(나일소프트)

많은 사람이 '블록체인이 곧 비트코인이다'라고 잘못 알고 있는 것 같습니다. 이 책은 그러한 상식을 깨는 책입니다. 물론 지금까지 블록체인을 다루는 책은 많이 나왔지만, 이 책은 블록체인에 대한 기초부터 활용, 그리고 향후 발전 방향까지 친절하면서 아주 자세히 설명해 줍니다. 특히, 단편적인 서술로 끝나는 게 아니라 암호화, 트랜잭션, 블록 등 기술적인 면까지 수록하였습니다. 또한, 그 구성과 운영되는 구조를 누가 보더라도 이해할 수 있도록 많이 애썼다는 게 느껴지는 책이었습니다.

제이펍은 책에 대한 애정과 기술에 대한 열정이 뜨거운 베타리더의 도움으로 출간되는 모든 IT 전문서에 사전 검증을 시행하고 있습니다.

CHAPTER

1

블록체인 이해하기

블록체인에는 다양한 기능이 있으므로 이해하기 어려운 부분이 있을지도 모릅니다. 우선, 여기서는 블록체인의 목적과 구조를 확실히 살펴보겠습니다.

[블록체인이 가져다 준 충격]

01 왜 블록체인을 주목해야 할 기술로 여기는 것일까?

블록체인은 인터넷 이후의 기술 혁신이라고 평가하는 사람이 많습니다. 인터넷의 등장이 우리 삶의 많은 부분을 바꾼 것처럼 블록체인도 앞으로 인터넷과 같은 정도의 변화를 줄 것으로 생각합니다.

블록체인이 일으키는 사회 변화 가능성

일본의 경제산업성에서는 2016년 일본의 블록체인 관련 시장 규모가 67조 엔에 달할 것으로 추산했습니다.

블록체인은 처음에 핀테크(금융 분야의 정보 기술 혁신)를 지원하는 핵심 기술로 송금, 결제, 증권 거래 등의 분야에 응용될 것으로 기대했습니다. 그런데 최근에는 광고, 유통 분야 효율화, 지적 재산권 관리, 유휴 시설 공유, 각종 법적 신고와 등기 처리 등 다양한 분야에 블록체인을 사용할 가능성을 엿보는 중입니다.

그림 01-1 블록체인 관련 시장 규모 예측(일본)

▶ 출처: 경제산업성 <블록체인을 이용한 서비스의 국내외 동향 조사>
(http://www.meti.go.jp/press/2016/04/20160428003/20160428003.pdf)

한 문장으로 설명하는 블록체인

블록체인의 특징은 다양한 요소가 복잡하게 얽혀서 나타납니다. 요소 하나하나를 자세하게 설명하려면 여러 권의 책을 집필해야 합니다. 여기서는 이해를 돕고자 블록체인을 한 문장으로 설명해 보겠습니다.

그림 01-2 한 문장으로 설명하는 블록체인

> 올바른 것만 기록할 수 있고, 변경할 수 없고, 지울 수 없고, 변조할 수 없고, 고장을 복구할 수 있고, 중단되지 않고, 모두가 합의한 내용만 유효하다고 인식하는 네트워크 공유형 데이터베이스

"블록체인과 데이터베이스의 차이점은 무엇입니까?"라는 질문을 자주 받습니다. 보통 "블록체인은 데이터베이스의 기능을 강화하는 구조입니다"라고 답합니다. 저자는 개인적으로 '블록체인'이 미래에 '데이터베이스' 아래의 한 가지 개념이 될 것으로 생각합니다.

블록체인에 무엇을 기록하고 싶은가?

블록체인이 기능을 강화한 네트워크 공유형 데이터베이스라면 여러분은 여기에 무엇을 기록하고 싶나요?

그림 01-3 블록체인의 다양한 거래 정보 기록 예

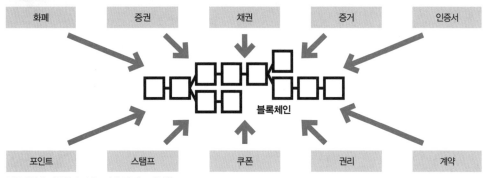

블록체인에 기록할 수 있는 거래 정보는 다양함

블록체인을 처음 구현한 사람으로 알려진 사토시 나카모토는 데이터를 블록체인에 기록하면 누구도 중단/방해할 수 없는 '송금 거래'가 가능한 암호화폐를 구현할 수 있다고 생각했습니다. 이 생각의 결과물이 바로 '비트코인'입니다.

02 블록체인의 정의 살펴보기

조금 어려운 이야기지만, 블록체인의 정의를 좀 더 자세히 살펴보겠습니다. 이를 통해 블록체인에 어떤 특징이 있는지 확인하고, 무엇을 만들고자 한 것인지 이해할 수 있습니다. 또한, 블록체인이 어떤 비즈 니스에 도움이 될지 스스로 생각할 수 있는 본질을 알아갈 수도 있습니다.

블록체인이란?

'블록체인이 무엇인가?'는 간단하면서도 매우 어려운 질문입니다. "블록체인은 여러분의 마음속에 서 생각한 그것입니다."라고 말해도 이상하지 않을 정도로 사람마다 떠올리는 생각이 다르기 때문입니다. 이는 '전문가' 집단에서도 비슷한 상황입니다. 먼저, 많은 사람이 참고하는 위키백 과의 블록체인 정의를 살펴보겠습니다.

그림 02-1 위키백과에 실린 블록체인의 정의

① 관리 대상 데이터를 P2P 기반의 '블록'이라는 소규모 데이터로 생성한 후, 체인 형태의 연결고리로 묶은 분산 데이터 저장 환경이다. 누구든 임의로 수정할 수 없고, 누구든 변경의 결과를 열람할 수 있는 분산 컴퓨팅 원장 관리 기술이기도 하다.

② 대규모의 노드들 사이에서 각 노드에 분산 저장된 장부의 데이터가 항상 있게 하는 합의 수렴 알고리즘으로 볼 수 있다.

▶ 출처: 위키백과 '블록체인' https://ko.wikipedia.org/wiki/블록체인

블록체인의 국제 표준을 정하려는 움직임도 있습니다. 국제표준화기구(ISO)의 TC307, 국제전기통신연합 전기통신표준화부문(ITU-T)의 스터디 및 포커스 그 룹, W3C 등에서 논의 중이며, 2021년 5월에 '용어'를 정리하고 스마트 계약의 해석 방안과 구현 사례를 정리하려는 세 번째 회의가 있을 예정입니다.

블록체인의 정의 좀 더 살펴보기

그림 02-1 에서 소개한 '블록체인의 정의'를 읽고 '아하!'라고 생각한 사람은 블록체인을 구성하는 요소 각각을 어느 정도 안다고 여겨도 되며, 어쩌면 이 책을 읽지 않아도 되는 사람일지도 모릅니다. 또한 두 정의 중, 정의 ①은 3~4장을 읽으면 이해할 수 있을 것이므로 여기서는 더 살펴보지 않겠습니다. 정의 ②는 '블록체인이 무엇'인지에 관한 특징을 나타내므로 좀 더 살펴보겠습니다.

'대규모의 노드'에는 네트워크에 참여하는 대상(=노드=컴퓨터)이 많을 때, 잘못된 사실을 기록할 수 있는 참여자와 어떤 이유로 고장이 나 제대로 동작하지 않는(예: 비잔티움 장애 허용[1]) 참여자가 있을 수 있습니다. 그럼 잘못된 사실을 기록할 수 있는 참여자와 고장이 난 참여자가 있는데, 제대로 '합의'했다고 말할 수 있겠냐고 생각하는 분도 있을 것입니다. 그런데 블록체인은 이렇게 불가능하다고 느끼는 상황에서도 실제 합의를 이끌어내는 구조를 갖추고 있습니다. '분산 저장된 장부의 데이터를 항상 있게 하는 합의'는 시간이 지날수록 당시의 합의가 뒤집힐 확률이 0에 수렴하기 때문입니다. 그림 02-2 는 정의 ②를 다시 정리한 것입니다.

그림 02-2 블록체인의 정의 좀 더 살펴보기

① 잘못된 사실을 기록할 수 있는 참여자가 있을지도 모름
② 어떤 이유로 고장이 나 제대로 동작하지 않는 참여자가 있을지도 모름
③ ①, ② 같은 참여자가 있는 환경에서도 합의할 수 있는 구조가 있음
④ ③의 합의는 시간이 지날수록 뒤집힐 확률이 0에 수렴함

그림 02-3 넓은 범위의 블록체인 = 분산 원장 기술

① 암호화 기술로 변조 검증이 쉬운 데이터 구조가 있음
② 네트워크의 여러 컴퓨터에 분산해 데이터를 저장함
③ ②의 특징을 강화해서 중단 없는(고가용성) 상태를 구현함
④ ②에서 분산해 저장한 데이터가 같음을 보장하는 구조가 있음

> 블록체인의 정의는 전문가 사이에도 다르게 말하는 부분이 있으므로 '이것이 블록체인이다', '이것은 블록체인이 아니다' 등의 논의가 있을 것입니다.

---

1   비잔티움 장애 허용은 레슨 30~31에서 설명합니다.

블록체인과 분산 원장 기술의 관계

앞에서 언급한 정의대로라면 블록체인은 분산 원장 기술(Distributed Ledger Technology, DLT)의 하나라고 생각할 수 있습니다. 블록체인과 분산 원장 기술을 명확하게 나누어 논의할 때도 많지만, 마케팅 관점에서는 모두 '블록체인'으로 간주하는 편입니다. 이 책 역시 편의상 블록체인과 분산 원장 기술을 모두 '블록체인'으로 간주하겠습니다.

'블록체인'의 구현은 여러 가지입니다. 대표적 예인 비트코인(Bitcoin) 외에도 라이트코인(Litecoin), 이더리움(Ethereum), 넴(NEM) 등이 '블록체인'에 해당합니다. 분산 원장 기술에 해당하는 하이퍼레저 패브릭(Hyperledger Fabric), 코다(Corda), 인터레저(Interledger) 등도 있습니다.

또한 일본의 스타트업에서 만든 '오브 1/오브 2(Orb1/Orb2)', '미진(Mijin)', '하이퍼레저 이로하(Hyperledger Iroha)', '미야비(Miyabi)' 등의 블록체인과 분산 원장 기술도 있습니다. 전 세계에서 주목하는 블록체인 주요 기술 기반이며, 많은 블록체인 개발자가 관심을 두고 있습니다.

그림 02-4 분산 원장 기술과 블록체인

분산 원장 기술 기반의 다양한 구현(기술을 포함한 시스템 등) 중 블록체인을 이용한 것은 비트코인, 라이트코인, 이더리움, 넴, 오브 1, 미진 등이 있음

※ 블록체인과 분산 원장 기술을 구분하는 기준은 여러 가지가 있음

일본에서는 경제산업성과 일본 은행에서 블록체인의 가능성을 깨닫고 재빨리 연구 조사에 착수해 입장을 발표했습니다. 관련 법안도 세계에서 가장 빨리 정비하는 등 젊은 개발자가 많이 참여할 수 있는 환경을 조성하는 것 같습니다.

주목할 만한 블록체인의 기능

여기에서 "블록체인과 데이터베이스는 무엇이 다른가요?"라는 질문에 다시 한번 답하겠습니다.

블록체인은 기본적으로 정보 기록 매체라는 의미에서는 데이터베이스의 한 종류입니다. 그러나 기존 데이터베이스와 결정적으로 다른 점은 다음 기능을 '모두' 갖췄다는 것입니다.

그림 02-5 블록체인의 주목할 기능

- 데이터는 여러 참여자가 확인한 규칙에 따른 서식만 기록함
- 참여자 전원이 합의한 데이터만 유효하다는 약속에 따라 운용함
- 변조하기 어려운 데이터 구조(해시 체인 구조)
- 수정하려는 동작을 즉시 감지하고 수정한 데이터는 손상된 것으로 인식함
- 손상된 데이터는 다른 참여자의 정상적인 데이터를 가져와 자동 복구함
- 한번 기록된 데이터는 누구도 수정하거나 삭제하지 못함
- 누구도 시스템 전체를 중단시킬 수 없음

블록체인에 무엇을 기록하느냐가 중요

센스 있는 사람이라면, 앞에서 설명한 기능이 있는 데이터베이스 시스템에 어떤 데이터를 기록해 어떤 비즈니스에 활용할지 여러 가지로 궁리할 것입니다.

암호화폐는 블록체인의 데이터 모델을 활용한 예입니다. 구체적으로 거래의 연속성을 보장하는 UTXO(Unspent Transaction Output)라는 '삼식부기(Triple Entry Accounting)' 데이터 구조(레슨 40 참고)로 가치 유통을 구현했습니다.

덕분에 금융 분야에서는 '화폐, 증권, 채권'을 기록하는 데 관심을 보였습니다. 광고와 유통 분야에서는 '포인트, 우표, 쿠폰, 티켓'을 기록하는 데 관심을 보였습니다. 또한, '권리 이전, 순차 제어[2]' 등 모든 가치 이전의 기록에 사용할 수 있을지를 고민하는 회사가 늘고 있습니다(레슨 54 참고).

스마트 계약(레슨 47 참고)은 '블록체인 기반으로 계약서를 사용하면 어떤 일이 벌어질까?', '계약 내용을 자동 이행하도록 만들면 어떤 일이 벌어질까?'라는 생각을 발전시킨 시스템입니다.

> 블록체인의 스마트 계약과 가치 이전이 연결되면 어떤 미래가 올지 상상만 해도 너무 설렙니다.

---

2 **옮긴이** 여러 단계를 차례에 맞게 제어하는 것을 뜻합니다.

03 블록체인의 대략적인 구조 ①

블록체인은 구체적인 사례의 연관성과 함께 배우면 이해하기 쉽습니다. 이 절에서는 화폐를 교환하는
사례에서 블록체인이 어떤 역할을 하는지 **살펴보겠습니다.**

블록체인의 가치 유통 구조

'블록체인은 무엇인가?'라는 질문에는 <u>컴퓨터와 네트워크로 가치를 유통하는</u> 구조라고도 답할 수
있습니다. 그럼 가치가 무엇인지 궁금한 사람도 있을 겁니다. 여기에서 말하는 가치는 화폐뿐
만 아니라 화폐 이외의 가치, 예를 들어 '증권, 채권, 포인트, 스탬프, 쿠폰, 티켓'처럼 특정 장
소에서만 통하는 가치도 포함합니다.

'화폐'라는 가치를 유통한다고 생각해 봅시다. 이때 블록체인 안에서 유통되는 화폐와 현실
의 화폐 사이에는 결정적인 차이가 있습니다. 그것은 바로 <u>현실 화폐는 국가가 발행하지만, 블</u>
<u>록체인 안에서 유통되는 화폐는 국가가 발행하지 않는다는</u> 점입니다. 그래서 현실 화폐를 '법정 통
화'라고 하고, 블록체인 안에서 유통되는 화폐는 '가상 화폐(Virtual Currency)' 혹은 '암호화폐
(Cryptocurrency)'라고 하는 것입니다. 암호화폐는 법정 통화와 별개 개념이므로 당연히 고유의
화폐 단위를 사용합니다. 그래서 많은 사람이 암호화폐를 '화폐'보다 '어떤 회사가 발행한 포인
트'라고 생각하기도 합니다.

그림 03-1 주요 암호화폐의 종류와 단위

비트코인	BTC
라이트코인	LTC
이더리움	ETH
리플	XRP
넴	XEM

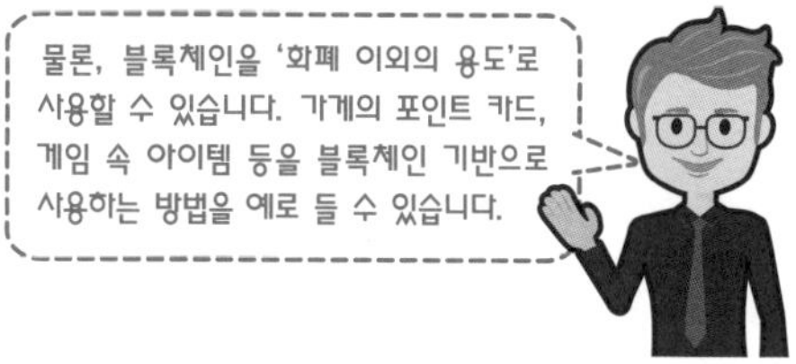

> 물론, 블록체인을 '화폐 이외의 용도'로
> 사용할 수 있습니다. 가게의 포인트 카드,
> 게임 속 아이템 등을 블록체인 기반으로
> 사용하는 방법을 예로 들 수 있습니다.

화폐로 인정받는 데 필요한 조건

'화폐'로 인정받는 데는 몇 가지 조건이 충족되어야 합니다.

첫째, 화폐를 다루는 시스템이 고장 나거나 데이터가 사라지지 않아야 합니다. ATM 기기 하나가 고장 나는 정도면 괜찮겠지만 '전체 시스템이 고장 나 사용자 계좌의 모든 데이터가 사라지는' 상황은 절대 허용하지 않습니다.

둘째, 화폐 거래를 조작할 수 없어야 합니다. 그중에서도 '화폐의 복사를 막는 방법'이 있어야 합니다. 화폐 그대로를 디지털 데이터로 나타내면 '쉽게 복사할 수 있는 상태'가 될 수 있습니다. 잘못하면 화폐를 무제한으로 복사할 수 있는 것입니다. 쉽게 복사한다는 디지털 데이터의 장점이 화폐를 다루는 데는 단점이 된 것입니다.

이때 블록체인을 사용하면 이러한 문제를 완전히 해결해 안전하게 '디지털 화폐'를 다룰 수 있습니다. 자세한 내용은 레슨 45에서 설명합니다.

'절대로 고장 나지 않는 시스템'을 어떻게 구현할 것인가?

화폐 등의 가치를 다루는 시스템은 고장 나지 않아야 하고, 동작이 멈춰도 안 됩니다. 그런데 '절대로 고장 나지 않는 튼튼한 시스템'을 만들려면 그만큼 많은 비용을 투자해야 합니다. 그래서 블록체인은 '조금 고장 나도 괜찮은 시스템'을 만드는 방향으로 설계되었습니다. 이는 '같은 기능의 부품 여러 개가 언제나 같은 작업을 실행하면, 어딘가 망가진 부품이 있어도 괜찮다'고 보는 것입니다.

기술 관점으로는 '노드'라는 컴퓨터를 많이 준비해 각 네트워크에 연결한 후, 모든 노드가 같은 정보를 서로 복사해 공유하는 방식으로 전체 시스템을 동작시키는 것입니다. 그럼 노드 한두 개가 고장 나더라도 시스템 동작에는 문제가 없습니다. 이러한 기능을 '다중화(Redundancy)'라고 합니다.

다중화 개념을 기반으로 만든 시스템을 보통 '분산 시스템'이라고 합니다. 분산 시스템은 블록체인만의 특별한 기술이 아닙니다. 통상적인 업무 시스템이나 웹 서비스 등에서도 사용하는 기술입니다. 레슨 25에서 이 분산 시스템을 자세히 설명합니다.

'중앙'이 없는 네트워크

같은 기능의 부품 여러 개를 준비(다중화)해 전체 시스템을 고장 나지 않도록 하는 것은 블록체인의 구조 중 여러 곳에 적용되었습니다.

같은 네트워크 안에 여러 대의 노드가 있는 상황이라면 보통 어떤 노드 하나를 리더로 설계하는 편입니다. 하지만 블록체인의 네트워크는 리더 역할을 하는 노드가 없습니다. 모든 노드가 평등하며, 데이터를 배턴 전달하듯 복사하고, 노드 각각이 '마음대로' 동작합니다.

리더가 없으므로 같은 데이터를 여러 번 복사하는 상황이 발생하지만, 데이터 자체가 바뀌는 것이 아니므로 문제는 없습니다. 모든 노드에 같은 데이터를 기록하므로, 노드 각각이 '마음대로' 동작하더라도 결과가 모두 같은 것입니다. 고장이 나거나 환경 차이 때문에 노드가 다른 데이터를 기록할 가능성도 있지만, 소수 의견도 일단 블록체인에 기록한다는 조건을 두면 문제가 발생하지 않습니다.

이처럼 노드 각각이 마음대로 판단하여 (자율적으로) 동작하지만, 전체 관점에서는 하나의 목적을 달성하는 블록체인 같은 시스템을 '자율 분산 시스템'이라고 합니다.

그림 03-2 리더가 없는 네트워크

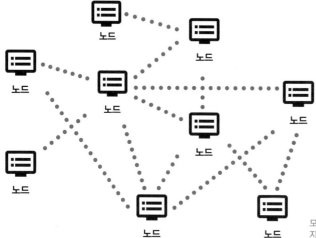

노드

노드

노드

노드

노드

노드

노드

노드

모든 노드가 평등하며, 같은 데이터를 기록하고,
자율적으로 동작하는 '자율 분산 시스템'

디지털 환경의 화폐 표현

디지털 환경에서 화폐를 어떻게 표현하면 좋을까요? 가장 알기 쉬운 예는 은행에서 발급받은 통장입니다. 통장에는 특정 소유자가 있고 특별한 상황을 제외하면 소유자가 아닌 사람은 통장에 든 돈을 사용할 수 없습니다. 현재 돈이 얼마나 있는지는 통장에 기록되어 있으며, 통장 속 돈은 다른 통장으로 이동(송금)할 수 있습니다.

방금 설명한 통장의 기능을 디지털화한다면 화폐의 실질적인 기능을 디지털 환경에서 이용할 수 있습니다.

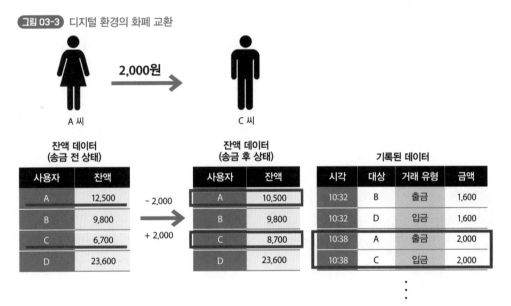

그림 03-3 디지털 환경의 화폐 교환

A가 C에게 2,000원을 송금하면 사용자의 잔액 데이터 중 A와 C의 데이터 상태는 송금 전후로 변함. 또한, 누가 언제 얼마를 입출금했는지 기록함

여기서는 '디지털 환경에서만의 화폐를 표현'한다고 가정하므로, 실제 화폐를 출금하거나 외화로 환전하는 상황 등은 고려하지 않았습니다.

04 블록체인의 대략적인 구조 ②

레슨 03에서는 블록체인에서 '화폐'를 나타내는 다양한 구조와 기본 개념을 배웠습니다. 이 절에서는 블록체인에서 화폐를 '교환'하는 구조인 지갑 주소를 대략 살펴봅니다.

블록체인에서 화폐를 교환하는 방법

블록체인은 그림 03-3 의 은행 통장처럼 화폐 교환을 기록하는 구조가 없습니다. 대신 공개 키 암호의 키 쌍에 대응하는 '지갑 주소'가 있습니다. 지갑 주소는 화폐를 받는 대상이라는 점에서 은행 통장과 비슷하나, 보안 카드나 OTP처럼 화폐 교환에 필요한 열쇠 역할을 겸한다는 점이 다릅니다.

블록체인은 거래 기록 정보를 모두 공개하며, 네트워크 참여자 모두에게 복사해 공유합니다. 하지만 화폐 사용까지 자유로운 것은 아닙니다. 송금하려는 지갑 주소에 대응하는 비밀 키가 있는 사용자만 화폐를 사용할 수 있습니다.

그림 04-1 비밀 키가 있는 사람만 화폐 사용 가능

거래 기록 정보의 지갑 주소에 대응하는 비밀 키가 있는 사람만 송금받은 1,000원을 사용할 수 있음

> 거래 데이터는 공개 정보로 모두 공유하지만, 실제 거래한 화폐를 사용할 수 있는 사람은 지정한 지갑 주소에 대응하는 비밀 키가 있는 사람뿐입니다.

서비스에 회원 가입하지 않고 사용하는 '지갑 주소'

블록체인에서 암호화폐 거래를 시작하려면 지갑 주소를 만들어야 합니다. 은행에서 거래할 때 통장을 만드는 것과 같으므로 '당연한 사실'로 여길 수 있습니다. 그러나 은행과 가장 다른 점은 '어떤 서비스에 회원 가입할 필요 없이 마음대로 지갑 주소를 만든다'는 것입니다.

지갑 주소는 공개 키 암호를 기반으로 합니다. 예를 들어, 여러분이 사용하는 컴퓨터에 특정 암호화폐에서 정한 형식의 '비밀 키와 공개 키 쌍'을 만들면 지갑 주소로 사용할 수 있습니다. 이 논리라면 100개 혹은 1억 개의 지갑 주소도 만들 수 있는 것입니다(물론, 처음 만든 지갑 주소의 잔액은 0입니다). 이는 전 세계에 '누군가 몰래(?) 만든 잔액 0의 지갑 주소'가 얼마나 있는지 아무도 모른다는 뜻이기도 합니다.

'누구나 회원 가입 없이 지갑 주소를 만들 수 있다'는 사실은 <u>지갑 주소에 개인 정보를 포함하지 않는다</u>는 뜻입니다. 암호화폐가 은행 통장보다 익명성을 더 보장하는 이유입니다.

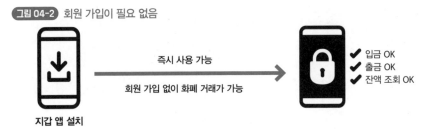

그림 04-2 회원 가입이 필요 없음

즉시 사용 가능

회원 가입 없이 화폐 거래가 가능

✔ 입금 OK
✔ 출금 OK
✔ 잔액 조회 OK

지갑 앱 설치

은행은 개인 정보를 제공해 통장을 만들어야 입출금할 수 있지만, 암호화폐는 스마트폰에 지갑 앱을 설치하면 화폐 거래가 가능함

은행 통장은 비밀번호를 잊어도 본인 확인 후 다시 통장을 이용할 수 있습니다. 하지만 블록체인은 지갑 주소의 비밀 키를 잊으면 해당 지갑 주소에 있는 암호화폐를 사용할 수 없습니다.

블록체인은 무엇을 기록하는가?

블록체인은 여러분의 PC에서도 지갑 주소를 얼마든지 만들 수 있고, 한 번도 거래하지 않는 잔액 0인 지갑 주소가 어디에 얼마나 있는지 아무도 모릅니다. 이는 블록체인에 '지갑 주소의 현재 잔액'을 기록하지 않는다는 사실을 뜻합니다.

이 책을 읽기 전까지 '블록체인 안에 여러 개 지갑 주소를 포함한 데이터를 저장하며, 지갑 주소 각각의 현재 잔액을 숫자로 기록한다'고 생각한 분도 있을 것입니다. <u>하지만 블록체인은 예금 통장과 같은 방식으로 잔액을 기록하지는 않습니다.</u>

그럼 블록체인에는 도대체 무엇을 기록할까요? 정확하게는 **지갑 주소 A에서 지갑 주소 B에 암호화폐 얼마를 교환했다**는 거래 내용입니다. 이때 '과거부터의 거래 내용'만 기록하고 '현재 잔액'은 기록하지 않습니다. '현재 잔액'은 해당 지갑 주소 과거 거래 내용의 증가와 감소를 합하면 알 수 있다는 개념입니다.

블록체인에서는 지갑 주소 사이의 화폐 교환을 '트랜잭션'이라고 합니다. 트랜잭션은 레슨 39에서 자세히 설명합니다.

그림 04-3 블록체인의 블록에 저장된 트랜잭션 내용

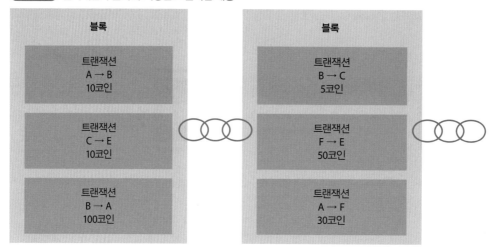

블록체인의 블록마다 트랜잭션(거래) 내용을 기록함. 각각 이전 블록의 데이터와 연결되어 있으므로 변경할 수 없음

블록체인의 특징

그림 04-4 는 앞에서 설명한 블록체인의 특징을 정리한 것입니다.

그림 04-4 블록체인의 특징

① 자율 분산 시스템
블록체인은 자율 분산 시스템입니다. 많은 노드가 같은 데이터를 마치 배턴을 전달하는 것처럼 복사하며, 모든 노드의 동작도 같습니다. 일부 노드가 고장 나는 정도로는 전체 시스템의 동작에 지장을 주지 않습니다.

② 리더가 없는 구조
'거래를 주고받는 창구'나 '노드 각각에 동작을 지시하는 관제탑'처럼 정해진 역할이 없습니다. 모든 노드의 역할과 동작이 같습니다. 따라서 어떤 노드가 고장 났을 때 시스템이 중단된다는 특정한 약점이 없습니다.

③ 지갑 주소
블록체인은 공개 키 암호의 '공개 키'와 '비밀 키' 쌍으로 지갑 주소에 대응합니다. 지갑 주소는 얼마든지 마음대로 만들 수 있습니다.

④ 트랜잭션
블록체인은 '지갑 주소의 현재 잔액'을 모릅니다. '과거 거래(트랜잭션)'의 모든 내용을 기록할 뿐입니다. 현재 잔액이 얼마인지 알고 싶다면 사용자가 지갑 주소 안 트랜잭션 내용의 증가와 감소를 모두 합해야 합니다.

이러한 특징을 보면 블록체인은 '굉장히 불편하고 제한적인 용도로만 사용하는 이상한 데이터 베이스'입니다. 하지만 화폐를 교환하는 수단으로는 충분합니다. 블록체인의 존재 가치는 무엇보다 위변조 없이 올바른 거래 내용이 이어짐을 수학과 암호학 기반으로 보장한다는 점에 있습니다.

블록체인은 가치의 유통을 기록하는 기술이므로 트랜잭션(거래) 내용만 기록합니다. 그러나 최근에는 '트랜잭션과 함께 수십 바이트의 짧은 문자열을 보낼 수 있는' 특징 등을 이용해 '스마트 계약'이라는 프로그램을 실행하거나 암호화폐 이외의 다양한 애플리케이션을 개발할 수 있습니다.

이 책에서는 블록체인 기능을 활용한 (화폐나 금융 분야 이외의) 애플리케이션 개발의 다양한 가능성도 소개합니다.

05 퍼블릭 체인과 프라이빗 체인

블록체인의 종류는 크게 퍼블릭과 프라이빗으로 나눌 수 있습니다. 참여자 수를 제한할 수 있느냐에 따라 둘을 구분합니다. 또한, 참여자 수의 제한에 따라 선택해야 할 합의 시스템도 차이가 있습니다.

두 가지 종류의 블록체인

블록체인은 크게 '퍼블릭'과 '프라이빗'이라는 두 종류로 나눕니다. 차이점은 네트워크에 참여한 노드 개수를 파악할 수 있느냐입니다.

퍼블릭 체인은 '누구든지 원하는 만큼 네트워크에 노드를 참여'시키는 상태로 운용합니다. 프라이빗 체인은 '네트워크의 참여자를 제한(예를 들면 참여하는 데 승인이 필요)'하는 상태로 운용합니다. 모든 노드가 문제없이 실행 중이면 총 O대가 참여하는지 아는 상태입니다.

퍼블릭 체인과 프라이빗 체인은 '트랜잭션을 기록할 때 사용하는 알고리즘(합의 알고리즘)'에 큰 차이가 있습니다. 합의 알고리즘은 레슨 31에서 자세히 설명합니다.

> 퍼블릭 체인은 참여와 이탈이 자유로워서 모든 참여자 수를 확정할 수 없습니다. 반면, 프라이빗 체인은 참여하는 데 어떤 자격이 필요한 때가 많으며, 승인이 필요하므로 모든 참여자 수를 파악할 수 있습니다. 이러한 차이는 합의 방법의 차이로도 연결됩니다.

퍼블릭 체인의 대표 주자 비트코인

세계 최초의 블록체인인 '비트코인'은 퍼블릭 체인의 하나입니다. 여러분도 비트코인의 노드(서버)로 참여할 수 있습니다. 단, 악의적인 목적으로 참여한 노드가 있을지도 모릅니다. 하지만 과반수가 넘는 참여자가 선의로 행동한다면 블록체인의 동작에는 큰 문제가 없습니다.

퍼블릭 체인 대부분은 노드를 운용하는 사람(일반적으로 '채굴자(마이너, Miner)'라고 합니다)에게 보상으로 암호화폐를 직접 주는 구조입니다. 정상적으로 노드를 운용해야 경제적 이익을 얻을 수 있습니다. 따라서 노드(채굴자) 수가 늘수록 시스템이 중단되거나 악의적인 동작을 할 가능성이 낮습니다.

프라이빗 체인의 특징

프라이빗 체인은 '노드 수를 항상 파악한다'는 전제로 운용됩니다. 보통 퍼블릭 체인보다 프라이빗 체인 쪽이 노드 수가 적으므로 전체 동작도 빠르다고 알려져 있습니다(물론, 실제 구현 결과에 따라 차이가 있습니다). 또한, 일반적으로 다수결 방식의 합의 알고리즘을 선택하므로 퍼블릭 체인과 다르게 노드 운영자에게 보상이나 트랜잭션 수수료를 줄 필요가 없습니다.

단, 프라이빗 체인은 참여자가 필요한 노드를 스스로 관리해야 하므로 참여나 이탈이 자유로운 퍼블릭 체인보다 노드 운용에 많은 비용이 들 수 있습니다. 또한, 화폐와 시스템 성능은 전혀 다른 관점입니다. 프라이빗 체인에는 중앙화 개념이 포함되므로 '굳이 블록체인을 사용해야 하느냐'는 비판도 있습니다.

그림 05-1 퍼블릭 체인과 프라이빗 체인의 종류와 특징

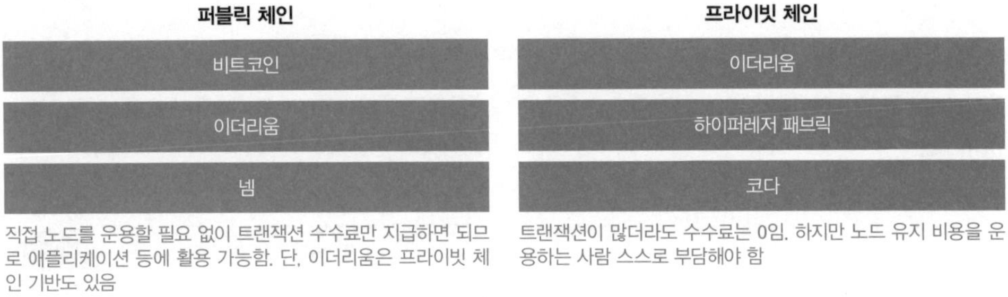

퍼블릭 체인	프라이빗 체인
비트코인	이더리움
이더리움	하이퍼레저 패브릭
넴	코다

직접 노드를 운용할 필요 없이 트랜잭션 수수료만 지급하면 되므로 애플리케이션 등에 활용 가능함. 단, 이더리움은 프라이빗 체인 기반도 있음

트랜잭션이 많더라도 수수료는 0임. 하지만 노드 유지 비용을 운용하는 사람 스스로 부담해야 함

06 블록체인의 장단점

블록체인은 참여자가 승인한 정보만 기록합니다. 기록한 데이터는 누구도 수정, 변조, 삭제할 수 없습니다. 이러한 특성은 상거래를 기록하는 용도로는 적합하지만, 개인 정보 등을 기록하는 용도로는 적합하지 않습니다.

관리자가 없어도 정상 동작하는 시스템

블록체인은 '시스템이 영구적으로 동작한다'는 것과 '한 번 기록한 데이터를 나중에 바꿀 수 없다'는 두 가지 관점에 특화된 데이터 보관 장소라고 할 수 있습니다. 여기서 중요한 점은 서비스 제공자나 시스템 관리자조차 데이터 변조와 변경이 불가능하다는 것입니다.

서비스 제공자를 신뢰할 수 있다는 전제하에 일반 데이터베이스나 파일 시스템에서도 일반 사용자의 악의적인 조작을 막을 수 있습니다. 일반 시스템에서는 시스템 안에서 신과 같이 전지전능한 '관리자'가 반드시 존재합니다(시스템 관리자, 관리자, 루트 등으로 부르기도 합니다).

반면, 블록체인에는 신과 같은 관리자가 없습니다. 서비스 제공자라도 블록체인에 기록된 데이터를 바꾸거나 삭제할 수 없습니다. 그래서 암호화폐의 기반 기술로 블록체인을 이용하는 것입니다.

블록체인 네트워크는 관리자가 없습니다. 따라서 블록체인에 기록된 정보는 등록한 사람 본인도 지우거나 바꿀 수 없습니다. 이러한 특성은 공정한 화폐 유통 기반을 구현하는 데 필요한 조건입니다.

서비스 제공자의 신뢰도가 낮더라도 안심하고 서비스 이용 가능

시스템을 관리하는 서비스 제공자가 시스템의 데이터를 마음대로 다루지 못하는 시스템은 블록체인뿐입니다. 지금까지는 시스템 제공자가 마음먹으면 데이터를 바꿀 수 있다는 사실을 알면서도 서비스를 이용해 왔습니다. 해당 서비스 제공자를 신뢰하는 것입니다. 서비스 제공자가 대기업, 공공기관, 은행 등 사회적 신뢰를 얻은 곳이라면 더욱더 그렇습니다. 반대로, 전혀 이름을 들어본 적 없는 회사에서 부정이나 조작을 절대 허용하지 않는 서비스를 제공한다고 말하더라도 일반 사용자가 이를 신뢰하기란 쉽지 않습니다.

블록체인은 수학 이론과 정보 기술을 결합해 서비스 제공자가 누구든 상관없이 기록된 데이터가 정확하다는 것을 보장합니다. 즉, 서로 신뢰하지 않는 사람 사이의 거래에도 문제가 발생하지 않는다는 뜻입니다.

블록체인의 단점

블록체인에 일단 기록된 데이터는 삭제하거나 바꿀 수 없습니다. 이는 정당한 이유가 있더라도 마찬가지입니다. 이러한 변조 방지 메커니즘을 구현한 이유는 많은 노드가 같은 데이터를 복사하고 공유하기 때문입니다. 즉, 블록체인에 데이터를 기록하는 것은 전 세계 누구에게든 데이터를 공개하며, 나중에 데이터를 절대 삭제할 수 없는 데 동의한다는 뜻입니다.

예를 들어, 개인 정보는 블록체인에 기록하지 않습니다. '본인의 요청이 있으면 개인 정보를 삭제해야 한다'는 법을 지킬 수 없기 때문입니다. 블록체인에서 개인 정보가 필요하다면 서브 시스템과 연결해야 합니다.

또한 통상적인 데이터 관리에는 서비스 중단 등에 대비하고자 '특정 권한이 있는 사람(예: 관리자)만 데이터를 볼 수 있다'고 설정(접근 제어)할 때가 종종 있습니다. 그러나 블록체인에 기록된 데이터는 누구나 볼 수 있습니다. 데이터를 숨기는 설정이나 권한이 있으면 부정행위 또한 숨길 가능성이 있으므로 이는 당연합니다. 블록체인에 접근 제어 같은 기능을 도입하려면 역시 서브 시스템의 도움을 받아야 합니다.

이처럼 데이터베이스와는 전혀 다른 개념의 블록체인 서비스를 효과적으로 구축하려면 일반적인 데이터베이스와 분산 저장 장치 등의 외부 시스템과 잘 연동해야 합니다.

Column

블록체인과 암호화폐의 관계

블록체인과 암호화폐를 함께 언급할 때가 많은 이유는 무엇일까요? 이는 단순히 '블록체인에 가치를 기록하고 싶다'는 이유만은 아닙니다. 그림 06-1 을 살펴보겠습니다.

그림 06-1 퍼블릭 체인은 경제적 보상이 필수

분산 원장 기술	
퍼블릭 체인	**프라이빗 체인**
블록체인 비트코인 / 라이트코인 이더리움 / 넴 존재할 수 없다?	오브 1 / 미진 패브릭 / 코다 이로하 / 인터레저 오브 2 / 미야비

암호화폐(경제적 보상)는 퍼블릭 체인 동작의 필수 요소임

블록체인에 속하지 않는 분산 원장 기술(DLT)에는 퍼블릭 체인이 없습니다. 이것이 단순한 우연의 일치일까요?

흰 글씨로 쓰인 비트코인, 라이트코인, 이더리움, 넴의 공통점은 퍼블릭 블록체인이라는 것과 암호화폐(빌드인 코인) 발행이 블록체인의 동작에 필수 요소(트랜잭션이 있을 때 암호화폐로 보상)라는 것입니다. 이는 불특정 다수가 합의하려면 경제적 보상으로 암호화폐를 지급해야 한다는 사실을 뜻합니다.

한편, 프라이빗 체인에서는 보상으로 암호화폐를 주지 않아도 합의를 형성할 수 있습니다. 참여자의 수를 제한하므로 다수결 방식으로 합의할 수 있어 굳이 경제적 보상(트랜잭션 수수료)이 필요하지 않은 것입니다. 이는 퍼블릭 체인이 경제적 보상보다 좋은 합의 체계를 아직 찾지 못했다는 뜻이기도 합니다.

비트코인 살펴보기

1장에서는 블록체인의 개요를 설명했습니다. 이 장에서는 블록체인과 떼려야 뗄 수 없는 암호화폐 사례인 비트코인을 살펴보겠습니다.

07 비트코인의 성장 과정

비트코인을 처음 발행한 시기는 2009년입니다. 그때 이미 비트코인의 발행 계획과 전체 발행량을 설계했습니다. 이 절에서는 비트코인이 어떻게 성장했는지 넓은 관점에서 알아보겠습니다.

비트코인의 첫 번째 블록

2020년 9월 기준으로 비트코인은 약 64만 블록까지 연결되었습니다. 현재도 약 10분마다 블록 1개가 끊임없이 생성되고 있으며, 체인이 끝없이 연결되어 있습니다. 어제도 오늘도 내일도 계속 변하지 않습니다.

그럼 비트코인 블록의 역사를 거슬러 올라가 처음 만들어진 블록을 살펴보기로 합시다. 블록 번호는 '0'이며, 특별히 제네시스 블록(Genesis Block)이라고 합니다.

그림 07-1 제네시스 블록

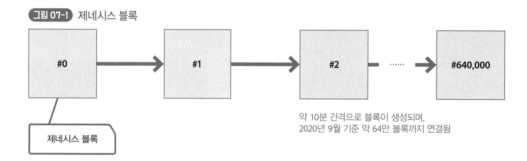

약 10분 간격으로 블록이 생성되며,
2020년 9월 기준 약 64만 블록까지 연결됨

비트코인의 첫 번째 블록은 특별한 절차 없이 누구나 볼 수 있습니다.[3] 레슨 15 **그림 15-2** 의 오른쪽 블록이 제네시스 블록입니다.

---

3 **옮긴이** https://sourceforge.net/p/bitcoin/code/133/tree/trunk/main.cpp#l1613

비트코인에 담은 창시자의 메시지

기념해야 할 제네시스 블록에는 트랜잭션 하나만 포함되었습니다. 첫 번째 트랜잭션을 열어 보면 세계 표준시로 2009년 1월 3일 18:15:05, 한국 시각으로 2009년 1월 4일 03:15:05에 해당하는 타임스탬프⁴가 기록되어 있습니다.

이어서 'The Times 03/Jan/2009 Chancellor on brink of second bailout for banks(더 타임스 2009년 1월 3일, 은행들의 두 번째 구제금융을 앞두고 있음)'라는 상징적인 메시지가 있습니다. 이는 그림 07-2 에서 소개하는 2009년 1월 3일 자 영국 더 타임스에 실린 기사 제목입니다.

그림 07-2 제네시스 블록에 담긴 메시지의 출처

비트코인의 창시자 사토시 나카모토는 이름 때문에 일본인이 아닌가 생각하겠지만 실제 누구인지 밝혀지지 않았으며, 일본인이 아닐 가능성이 더 높다고 알려져 있습니다. 종종 자신이 사토시 나카모토라고 주장하는 사람이 나타나 블록체인 업계를 떠들썩하게 했지만, 아직까지 아무도 자신이 진짜 사토시 나카모토인지 증명하지 못했습니다. 진짜 창시자가 나타날지는 앞으로도 알 수 없는 상황입니다.

2009년 1월 3일 영국 더 타임스 1면

비트코인의 창시자인 사토시 나카모토가 블록에 일부러 이 메시지를 담은 이유는 2009년 1월 3일 이후에 이 제네시스 블록을 만들었다는 사실을 증명하려는 것으로 알려져 있습니다. 정부가 경제에 종종 관여하는 것에 두려움을 느낀 사토시 나카모토가 누구도 관여할 수 없는 금융 시스템을 만들고 싶었다는 의사를 표명한 것으로 추측하는 사람도 있습니다.

---

4 옮긴이 특정한 시각을 나타내는 문자열입니다. 두 가지 이상의 시각을 비교하거나 기간 계산을 편리하게 해낼 수 있도록 고안된 것입니다. 일관성 있는 형식으로 나타냅니다.

비트코인의 현재

비트코인은 초기 설계부터 전체 발행량이 20,999,999.9769BTC로 정해져 있었습니다. 보통 약 2,100만 BTC라고 말합니다. 처음부터 전체 발행량을 생성한 것은 아닙니다. '채굴(마이닝, Mining)'이라는 작업으로 블록 하나를 발견할 때마다 보상으로 정해진 양의 비트코인을 주는 것입니다. 채굴이 구체적으로 무엇인지는 뒤에서 자세히 설명할 것입니다. 지금은 어떤 종류의 연산 경쟁을 벌여 먼저 답을 이끌어낸 사람이 비트코인을 신규 발행해 블록 하나를 만들 권리가 부여되는 것으로 이해하기 바랍니다.

기념비적인 최초의 제네시스 블록은 50BTC가 발행되었습니다. 2020년 9월 기준(가격은 항상 변하는 중입니다) 1BTC당 약 1,210만 원이므로 약 6억 500만 원입니다.

> 6억 500만 원은 2020년 9월의 가치입니다. 당연하겠지만 비트코인 등장 초기에는 실제 화폐와 비교하기 어려울 정도의 가치였습니다.

█ 원 포인트 첫 BTC를 받은 주소

제네시스 블록의 트랜잭션 내용을 보면, 50BTC를 하나의 비트코인 주소로 보낸 것을 알 수 있습니다 (그림 07-3)에서 소개합니다). 블록체인닷컴(https://www.blockchain.com) 등에서 해당 주소의 정보를 살펴보면, 현재 처음 보낸 50BTC 이상의 잔액이 있고, 1,800건 이상의 송금을 받았습니다. 그중 'Happy Anniversary!'라는 메시지를 남기거나, 비트코인을 만든 날짜의 타임스탬프에 맞춰 송금하는 사람이 있습니다. 'Give Me Bitcoin:'처럼 송금한 사람의 비트코인 주소를 담은 메시지 등 흥미로운 사례를 찾을 수 있습니다.

그림 07-3 첫 BTC를 보낸 주소

1A1zP1eP5QGefi2DMPTfTL5SLmv7DivfNa

레슨 15에서 소개하는 블록체인닷컴 등의 웹 사이트에서 확인할 수 있음

비트코인의 발행 계획

비트코인은 새로운 블록을 채굴할 때마다 고정된 수의 BTC를 발행할 권리를 얻습니다. 첫 50BTC도 비트코인 설계 시 정한 규칙에 따라 발행한 것입니다. 그림 07-4 는 비트코인의 블록 번호에 따른 보상을 나타낸 것입니다.

그림 07-4 비트코인 블록과 보상

블록 번호	보상
0~209,999	50BTC
210,000~419,000	25BTC
420,000~629,999	12.5BTC
630,000~839,999	6.25BTC
840,000~1,049,999	3.125BTC
1,050,000~1,259,999	1.5625BTC
…	…
6,720,000~6,929,999	0.00000001BTC(= 1사토시. 비트코인의 최소 단위)

2020년 9월 기준으로 블록을 약 64만 개 발견했으므로 보상은 6.25BTC임

현재 유통되는 비트코인은 원래 채굴자에게 있던 것을 일반인에게 파는 것입니다.

21만 블록마다 보상이 반으로 줄어듭니다. 2020년 9월 기준 블록 하나를 발견할 때마다 6.25BTC (약 7,565만 원)가 신규 발행됩니다. 현재 누적으로 약 1,850만 BTC를 채굴했으며, 이는 전체 발행량의 약 88%입니다.

채굴 보상이 없어도 비트코인이 동작할 것인가?

비트코인은 발행 계획대로라면 약 130년 후에는 채굴해도 보상을 얻지 못합니다. 이때도 비트코인이 정상적으로 동작할까요?

정확한 사실은 그때가 되어야 알 수 있을 것입니다. 그러나 그 무렵에는 채굴 보상보다 BTC 거래량이 많이 증가할 것으로 예상합니다. 즉, 채굴로 얻는 보상 이상으로 트랜잭션 수수료의 총액이 더 많을 것입니다.

08 비트코인과 전자 화폐의 차이점

이 책에서는 비트코인을 블록체인으로 구현한 결과라고 설명했습니다. 그런데 비트코인을 기반으로 유통하는 화폐 이름도 '비트코인(BTC)'입니다. 여기서는 암호화폐 관점에서 비트코인의 특성을 살펴보겠습니다.

비트코인과 전자 화폐

티머니(T-Money) 등의 전자 화폐와 비트코인은 어떤 차이점이 있을까요? 사례 중심으로 생각하면 모두 웹 사이트나 스마트폰 등의 디지털 환경에서 무엇인가를 결제하는 데 사용할 수 있습니다. 법정 화폐 같은 '물리적인 화폐' 없이 IT 기술을 활용해 가치를 전달한다는 점은 비슷한 부분입니다.

차이점은 '관리'의 개념입니다. 전자 화폐는 관리자의 책임 아래 사용자의 자산을 공탁, 보전, 분리 보관합니다. 실제 자산 교환은 금융 기관의 데이터베이스 안에서 이루어집니다. 따라서 관리자를 신뢰한다고 전제합니다. 그런데 비트코인은 원칙적으로 특정 관리자가 없습니다.

비트코인의 가장 큰 가치는 네트워크에 참여하는 사람들 각각의 신뢰에 의존하지 않고 트랜잭션을 자율적으로 공정하게 평가하는 구조를 만든 것입니다. 이러한 가치 평가의 핵심은 비트코인 네트워크의 트랜잭션 합의와 승인에 따라 채굴자에게 보상과 수수료를 지급한다는 점입니다. 실제로 트랜잭션 양이 늘거나 줄어듦에 따라 달러나 원 같은 실제 화폐와의 교환율이 변동될 정도로 보상과 수수료의 가치는 중요합니다.

암호화폐 종류에 따라 교환율이 다릅니다. 암호화폐를 얻는 시점이나 사용 시점에 따라 가치가 다를 수 있습니다.

비트코인은 어디에 보관하는가?

사용자 관점에서 본 비트코인과 전자 화폐의 차이는 화폐 단위의 차이(비트코인은 환전과 같은 방식으로 거래함)일 뿐이지만, 화폐를 지원하는 기술은 상당히 다릅니다.

<u>비트코인은 엄밀히 말해 블록체인에 기록된 숫자일 뿐입니다.</u> 전자 화폐처럼 물리적인 실제 지폐로 교환할 수 없습니다. 물론 실제 화폐로 교환한 후 다시 지폐로 교환할 수 있지만, 이럴 때는 '원래 있던 비트코인과 같은 가치의 실제 화폐'이므로 비트코인이 아닙니다.

가끔 언론 등에서 비트코인을 소개할 때 QR 코드가 인쇄된 수표와 비슷한 형태의 종이를 보여 주기도 합니다. 이를 '비트코인의 지폐'라고 인식하는 사람이 있을 텐데, 지폐가 아니라 지갑 주소 정보를 인쇄한 '종이 지갑'입니다. 은행에서 발행한 통장과 같은 개념입니다(종이 지갑은 레슨 10에서 자세히 소개합니다). 비트코인의 블록체인에 기록된 숫자를 바꾸는 데 필요한 키가 바로 지갑입니다. 여러분이 생각하는 지갑은 동전이나 지폐가 들어 있는 것을 떠올리겠지만, 비트코인의 지갑은 공개 키 암호로 만든 키 자체입니다(공개 키 암호는 레슨 17에서 설명합니다).

비트코인을 관리하는 지갑은 스마트폰 앱에서 사용하는 모바일 지갑 등 그 종류가 다양합니다. 그럼 지갑이 무엇인지 정확하게 이해하지 못한 상황에서는 스마트폰의 어딘가에 비트코인의 잔액 정보를 암호화해 기록한다고 생각할지도 모릅니다. 하지만 실제 스마트폰에는 잔액 정보를 기록하지 않습니다. 블록체인에 기록한 트랜잭션을 지갑으로 보는 것뿐입니다. 상황에 따라 잔액을 빠르게 나타내려고 캐시 데이터를 기록할 순 있지만, 캐시 데이터를 바꾼다고 비트코인의 잔액이 바뀌지는 않습니다.

그림 08-1 비트코인 보관 장소

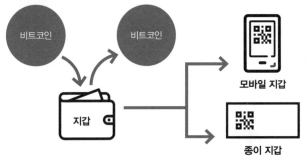

비트코인은 '지갑'에 저장함. 지갑은 스마트폰 앱이나 지갑 주소 정보를 담아 인쇄한 종이 지갑 등 다양한 종류가 있음

09 비트코인 처음 사용하기 ① - 필요한 사항 확인하기

비트코인은 비트코인이라는 국가의 화폐라고 생각하면 좋습니다. 보통 채굴자가 아닌 사람이 비트코인을 처음 사용(비트코인 처음 얻기)하는 것은 실제 화폐를 비트코인으로 교환하는 것과 같습니다. '원'을 '미국 달러'로 환전하는 것과 같은 개념이기도 합니다.

비트코인을 처음 사용할 때 필요한 것 ①: 비트코인을 구입할 실제 화폐

비트코인을 처음 사용하는 것은 '비트코인(암호화폐) 처음 얻기'와 같습니다. 사용자 관점에서 본 비트코인은 원이나 미국 달러 같은 실제 화폐와 같은 개념입니다. 이 화폐를 얻으려면 어떻게 해야 할까요?

먼저 '채굴해서 얻기'를 생각할 수 있습니다. 이는 채굴의 보상으로 비트코인을 지급한다는 개념입니다. 비트코인 특유의 '채굴'은 (비트코인 구현 사항에 따라) 사용자가 직접 노드로 참여해 블록을 발견하는 것으로 비트코인 네트워크 운영에 기여하는 행위이기도 합니다. 단, IT나 개발 관련 지식이 없는 사람이 쉽게 해낼 수 있는 일은 아닙니다.

따라서 실제 화폐를 비트코인으로 교환한다는 방법을 이용하면 좋습니다. 대중적으로도 실제 화폐를 비트코인으로 교환하기가 훨씬 쉽습니다. 이때는 '비트코인을 산다'는 표현처럼 얻고 싶은 BTC를 구입할 수 있는 실제 화폐를 준비해야 합니다.

참고로 원을 미국 달러로 환전할 때 수수료를 내야 하는 것처럼, 실제 화폐를 비트코인으로 교환할 때도 수수료가 있습니다.

그림 09-1 비트코인을 얻는 방법

지갑		거래소

거래소에서 실제 화폐를 비트코인(BTC)과 교환함

비트코인을 처음 사용할 때 필요한 것 ②: 지갑

비트코인은 블록체인으로 구현한 암호화폐 중 하나입니다. 1장에서 설명한 것처럼 블록체인은 원래 '어떤 지갑에서 다른 지갑으로 가치를 교환한 트랜잭션 내용'을 저장하는 구조입니다. 무엇을 하든 지갑이 기준이므로, 비트코인(혹은 암호화폐)을 이용하려면 <u>얻은 비트코인을 모아 두는 지갑</u>이 있음을 전제로 합니다.

지갑에는 여러 가지 종류가 있습니다. 자세한 내용은 레슨 10에서 설명합니다.

그림 09-2 비트코인의 '지갑'

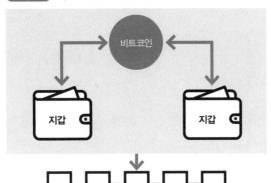

비트코인 교환은 지갑에서 함. 블록체인에는 트랜잭션
내용을 기록함

비트코인을 처음 사용할 때 필요한 것 ③: 거래소 계좌

이론상으로는 지갑만 있으면 비트코인을 사용할 수 있습니다. 그러나 잔액이 0인 지갑은 있어도 의미가 없습니다. 그래서 보통은 실제 화폐를 비트코인으로 교환해 지갑에 넣습니다. 하지만 이때 <u>블록체인에 실제 화폐를 비트코인으로 교환하는 기능이 포함된 것은 아닙니다.</u>

사용자가 실제 화폐와 비트코인(암호화폐)을 교환하는 서비스를 보통 '거래소(암호화폐 거래소)'라고 합니다. 거래소를 이용하려면 해당 거래소에 계좌를 만들고 여러분의 지갑 주소를 등록해야 합니다.

10 비트코인 처음 사용하기 ② - 지갑의 종류

비트코인을 처음 사용하려면 실제 화폐와 지갑, 거래소 계좌가 필요하다고 앞에서 언급했습니다. 그런데 여러분에게 공짜로 비트코인을 선물해 줄 사람이 있다면 비트코인을 구입할 실제 화폐나 거래소의 계좌는 필요치 않습니다. 그래도 지갑은 반드시 필요합니다.

지갑의 종류와 특징

기본적으로 공개 키 암호 기술 기반의 공개 키(받는 주소)와 비밀 키(송금용 키) 쌍으로 지갑을 만들 수 있습니다. 여러분이 직접 지갑을 만들 수도 있지만, 실제 운용을 고려해서 이미 있는 지갑 서비스나 지갑 애플리케이션을 사용하는 편입니다.

지갑에는 다양한 종류가 있지만 크게 두 가지로 나눌 수 있습니다. 첫째는 지갑 서비스 제공자를 신뢰한다는 전제하에 서비스에서 지갑을 만들어 관리하는 것입니다. 거래소에서 제공하는 지갑 서비스나 별도의 웹 지갑 서비스가 이에 해당합니다.

둘째, 사용자가 직접 지갑을 관리하는 것입니다. 모바일 지갑이나 종이 지갑이 이에 해당합니다.

그림 10-1 지갑 종류

서비스 제공자가 관리

거래소 지갑

웹 지갑

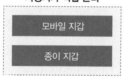

사용자가 직접 관리

모바일 지갑

종이 지갑

지갑 종류는 네 가지가 있으며, 서비스 제공자가 관리하느냐 사용자가 직접 관리하느냐의 차이가 있음

사용자의 목적이나 스타일에 따라 선택 사용합니다.

웹 지갑

웹 브라우저에서 암호화폐를 교환하거나 잔액을 확인할 수 있는 지갑 서비스입니다. '웹'이라는 용어가 있지만, 지갑 서비스에 따라 웹 브라우저뿐만 아니라 전용 애플리케이션에서 사용하기도 합니다.

보통 웹에서 로그인해 사용하므로 여러 대의 PC나 스마트폰 등에서 **지갑 하나를 편하게 관리한다는 장점**이 있습니다. 단, 서비스 제공자가 지갑을 만들어 주므로 신뢰할 수 있는 서비스 제공자인지가 중요합니다. 지갑 관리가 인터넷 기반으로 이루어지므로 다른 지갑보다 **보안성이 낮습니다.**

주요 웹 지갑 서비스

다양한 웹 지갑 서비스 중 전 세계에서 가장 많이 이용하는 것은 **블록체인닷컴(Blockchain.com)**[5]입니다. 21개 언어를 지원하는 웹 지갑 서비스이므로 편리합니다. 그 이외에 미국에서 많이 사용하는 코인베이스(Coinbase)와 다중 서명 등의 기능을 제공해 보안성을 높인 비트고(BitGo) 등의 웹 지갑 서비스가 있습니다.

그림 10-2 주요 웹 지갑 서비스

블록체인닷컴

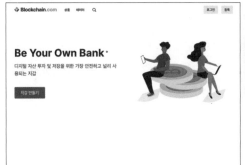

21개 언어를 지원하는 전 세계 최대 웹 지갑 서비스 '블록체인닷컴'
https://www.blockchain.com/ko/wallet

코인베이스

미국에서 많이 사용하는 '코인베이스'
https://www.coinbase.com

'신뢰할 수 있는지'는 실제로 이용해 봐야 알수 있습니다. 하지만 입소문 등을 검색해 보면 어느 정도 파악할 수 있습니다.

---

5 https://www.blockchain.com

모바일 지갑

모바일 지갑은 스마트폰 앱 형태의 지갑입니다. 앞서 소개한 '블록체인닷컴' 등도 스마트폰 앱이 있습니다. 하지만 블록체인닷컴의 스마트폰 앱은 어디까지나 웹 지갑을 앱으로 실행하는 것뿐입니다. 독립적인 모바일 지갑과는 구분해야 합니다.

일반 모바일 지갑은 여러분의 스마트폰 안에만 비밀 키를 저장하므로 스마트폰을 잃어버리면 비트코인 지갑 주소도 잃어버리게 됩니다. 물론, 지갑 애플리케이션에서 제공하는 주소 백업 기능 등이 있지만, 그래도 여러분이 직접 관리해야 합니다. 귀찮긴 하지만 암호화폐 교환에 필요한 비밀 키를 아무에게도 알리지 않는다는 특징 때문에 웹 지갑보다는 보안성이 높다고 생각합니다.

주요 모바일 지갑 앱

모바일 지갑은 종류가 정말 다양하고, 한국어를 지원하는 것도 많습니다. 그런데 애플 앱 스토어나 구글 플레이 스토어에서 '비트코인 지갑' 등으로 검색해 보면, 웹 지갑이나 거래소의 지갑 앱도 많이 나오므로 비밀 키를 스마트폰에만 저장한 순수 모바일 지갑인지 알기 어렵습니다. 순수 모바일 지갑으로는 브레드월렛(Breadwallet)의 'BRD'나 마이셀리움(Mycelium)에서 제공하는 '마이셀리움 비트코인 지갑(Mycelium Bitcoin Wallet)'을 많이 사용하는 편입니다.

그림 10-3 주요 모바일 지갑

BRD

지갑 주소와 QR 코드를 상대방에게 보여 주고 (자신의 스마트폰 자체가 인터넷에 연결되지 않은 상태에서도) 자신의 지갑에 암호화폐를 송금받을 수 있음

마이셀리움 비트코인 지갑

마이셀리움 비트코인 지갑은 모바일 지갑을 쉽게 사용할 수 있음

거래소 지갑

비트코인을 얻으려면 보통 실제 화폐로 비트코인(BTC)을 삽니다. 이때 거래소를 이용합니다.

거래소에 계좌를 만들면 자동으로 비트코인 지갑 하나를 만들어 줍니다. 여기서 만들어진 지갑은 '본인만 사용할 수 있다'는 관점에서 '본인 소유'라고 할 수 있지만, 실제로는 <u>거래소의 지갑을 빌린 것입니다.</u>

서비스 제공자가 만들어준 지갑을 본인이 사용한다는 관점에서는 거래소 지갑과 웹 지갑은 차이가 없습니다. 단, 거래소 지갑은 본인 지갑의 비밀 키(송금용 키)를 모른다는 차이가 있습니다.

이러한 차이는 비트코인을 사용할 때는 거의 의식하지 않는 부분입니다. 그러나 거래소 지갑은 거래소에 지갑을 맡기는 개념이므로 거래소 점검 등으로 서비스를 중단할 때는 비트코인을 교환할 수 없다는 문제가 발생합니다. <u>대신, 거래소 지갑은 잃어버리지 않는다는 장점이 있습니다.</u>

보통 지갑의 비밀 키는 스스로 관리하므로 비밀 키를 잃어버리면 지갑도 영원히 잃게 됩니다. 하지만 거래소 지갑은 거래소 서비스에 ID와 비밀번호로 로그인하면 언제든지 사용할 수 있습니다. ID나 비밀번호 등을 잊어버리더라도 거래소에서 계좌를 만들 때 제공했던 정보 등으로 비밀번호를 재설정해 로그인할 수 있습니다. 익명성이 높다는 암호화폐 세계에서 '본인 확인'을 거칠 수 있다는 부분이 다른 지갑과 결정적으로 다른 점입니다.

또한, 거래소 지갑은 암호화폐와 실제 화폐를 교환하는 접점입니다. 이때 본인을 확인할 수 있다면 자금 세탁을 미리 막거나, 암호화폐 관련 범죄 추적에도 활용할 수 있습니다.

> 거래소 지갑은 비트코인의 설계 이념에 맞지 않는 부분입니다. 그러나 실제 화폐 또는 다른 암호화폐와 교환하거나, 오프라인 가게에서 암호화폐를 빠르게 지급하는 등 다른 지갑에서 제공하지 않는 거래소 자체 서비스가 있습니다. 그러므로 상황에 따라 거래소 지갑을 적절히 활용하면 좋습니다.

종이 지갑

종이 지갑은 이름 그대로 **종이로 만든 지갑**입니다. 비트코인은 인터넷에 연결되어야 교환할 수 있는데, 어째서 인터넷과 관계가 없는 종이로 지갑을 만들 수 있다는 것인지 의아할지도 모릅니다.

종이 지갑을 이해하려면 비트코인의 지갑이 <u>어떤 기능이 아니라 '키'를 가리키는 데 불과하다는</u> 점을 알아야 합니다. 종이 지갑의 원리 등은 레슨 37을 읽으면 이해할 수 있을 것입니다. 지금은 '와! 그럴 수 있군요' 정도로 생각하면 됩니다. 먼저, 그림 10-4 를 참고해 종이 지갑이 무엇인지를 살펴보겠습니다.

그림 10-4 실제 종이 지갑

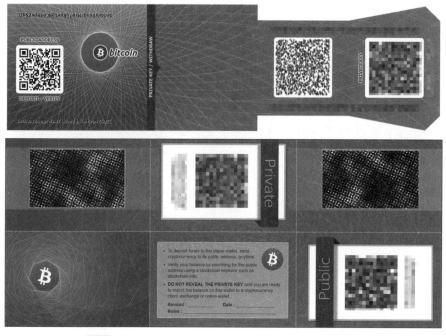

Walletgenerator.net(그림 10-5 참고)에서 만든 종이 지갑 예. 'Public(받는 주소)' 주소에 송금하면 해당 지갑이 BTC를 받음. 'Private(송금용 키)'는 BTC를 보내는 데 필요한 비밀 키이므로 타인에게 알려지지 않도록 주의해야 함

예쁜 무늬가 있는 종이를 잘 살펴보면 'Private'과 'Public'이라는 항목 안에 QR 코드가 인쇄되어 있고, 아래에는 어떤 긴 문자열이 있습니다. <u>이 문자열이 비트코인의 공개 키와 비밀 키에 해당하며, Private은 송금용 키(비밀 키), Public은 송금받는 지갑 주소(공개 키)입니다.</u> 이 중 지갑 주소를 다른 사람에게 알려 비트코인을 받을 수 있습니다.

종이 지갑을 만드는 서비스

비트코인 종이 지갑을 만드는 서비스는 인터넷 검색으로 찾을 수 있습니다. 그중 깔끔한 디자인의 종이 지갑을 만들 수 있는 사이트로 WalletGenerator.net이 있습니다.

이곳에서 만든 종이 지갑은 직사각형 형태로, 접으면 비밀 키를 멋지게 잘 숨길 수 있습니다. 접었을 때의 맨 윗부분을 홀로그램 스티커 등으로 장식하면 고급스러운 분위기를 연출할 수 있습니다.

그림 10-5 지갑 주소 생성 서비스 WalletGenerator.net

[Paper Wallet] 탭을 선택한 후 오른쪽 위 [Print]를 누르면 종이 지갑을 인쇄할 수 있음
https://walletgenerator.net

종이 지갑의 비트코인을 모바일 지갑에서 사용하기

종이 지갑 안에 담긴 비트코인은 그 자체로 사용할 수 없습니다. 그러므로 종이 지갑의 비밀 키를 모바일 지갑에 등록해 보겠습니다. 이 작업은 매우 간단합니다. 모바일 지갑의 QR 코드 리더를 실행해 Private 항목의 QR 코드를 스캔하면 끝납니다. 이때 비트코인이 입금된 지갑 주소라면 비트코인의 잔액을 확인할 수 있습니다.

그림 10-6 종이 지갑의 비트코인을 모바일 지갑에 가져오는 방법

어떤 지갑 앱이든 가져오는 방법은 같음

11 비트코인 처음 사용하기 ③ - 거래 계좌 개설

비트코인을 이용할 수 있는 거래소 계좌를 만들겠습니다. 이때 거래소는 비트코인 네트워크와 무관하게 서비스 제공자가 독립적으로 운영하는 공간임을 꼭 기억해야 합니다. 따라서 거래소를 정말 신뢰할 수 있는지 제대로 확인해야 합니다.

거래소를 선택할 때 중요한 점

전 세계에 정말 많은 거래소가 있습니다. 한국에서도 2017년 이후 거래소가 빠르게 늘어났습니다.[6] 어떤 거래소든 기본적으로 비슷한 서비스를 제공하므로 직관적인 웹 인터페이스나 저렴한 수수료 등 거래소마다의 차이점을 고려해 본인에게 편한 거래소를 이용하면 됩니다.

일본에서는 2017년 4월부터 거래소를 운영하려면 라이선스(면허)를 받도록 법제화했습니다. 즉, 거래소를 선택할 때 '라이선스를 받은 거래소인가?'라는 부분이 중요합니다.

물론 외국 거래소는 일본에서 발급한 면허가 없으므로, 이용할 때 발생하는 문제는 본인이 책임져야 합니다.

그림 11-1 거래소 선택에서 중요한 점

- 신뢰할 수 있는가?
- 수수료가 저렴한가?
- 사용하기 쉬운 UI인가?
- 트랜잭션 요청부터 처리까지 시간이 얼마나 소요되는가?
- 자국에서 서비스하는 거래소인가?

거래소마다 부가 서비스나 이벤트에 차이가 있으므로 해당 거래소의 공지 등을 자세히 살펴봐야 함

---

6 **옮긴이** 2020년 현재는 거래소가 빠르게 늘지 않습니다.

거래소 계정 생성에 필요한 정보

거래소 계정(계좌)을 만드는 방법은 국내 거래소인지 외국 거래소인지에 따라 크게 다릅니다. 국내 거래소라면 보통 이메일 주소, 전화번호, 신분증(주민등록증이나 운전면허증 등)이 필요합니다.

일본에서는 2017년 4월부터 개정한 자금결제법에 따라 일본 안 모든 거래소를 '암호화폐 교환업'이라고 정의했습니다. 법률을 제정했으므로 일본 안 거래소를 이용한다면 거래소가 어디든 계정 생성에 필요한 정보에 큰 차이가 없습니다.

외국 거래소라면 국내 법률을 적용받지 않으므로 계정 생성에 필요한 정보가 제각각입니다. 이는 상황에 따라 내가 원하는 정보만 제공해 계정을 만드는 등의 장점으로 다가올 수 있습니다. 단, 외국 거래소를 이용할 때는 아마도 해당 국가의 법정 통화로 환전한 후 비트코인을 사야 할 것입니다.

 **그림 11-2** 계정 생성에 필요한 정보

이메일 주소		전화번호		신분증 (주민등록증, 운전면허증 등)
✉	+	📞	+	🪪
인터넷에서 계정 생성을 진행함				

│ 원 포인트   암호화폐와 관련된 법제화 상황

2020년 9월 기준 한국에서는 아직 암호화폐의 법제화가 논의 중이지만, 일본은 전 세계에서 가장 빨리 비트코인의 '자산 가치'를 인정하고 법제화했습니다. 일본이 다른 나라보다 빠르게 법제화를 진행한 데는 스타트업이 큰 역할을 했습니다. 2014년부터 스타트업 관계자가 정기적으로 모여 회의를 진행하면서 정부 기관과 적극적으로 정보를 교환하고, 법제화의 초기 논의 과정에서도 조언을 아끼지 않았습니다.

거래 유형 살펴보기

많은 거래소에는 별도의 '구입/판매'와 '교환' 메뉴가 있습니다. 어떤 메뉴에서든 비트코인을 팔거나 살 수 있는데 무엇이 달라서 메뉴를 구분해 둔 것일까요?

'구입/판매'는 사용자인 여러분과 거래소를 운영하는 서비스 제공자 사이에서 비트코인을 사거나 파는 것이고, '교환'은 불특정 다수의 사용자 사이에서 비트코인을 사거나 파는 것입니다. 이때 '구입/판매'는 실제 화폐와 비트코인의 교환율을 서비스 제공자가 결정합니다. 반면에 '교환'은 여러 사용자가 각자 희망하는 거래 가격을 정해 팔거나 사겠다고 주문을 냅니다. 이 차이점이 비트코인의 가격에 영향을 미칩니다.

교환 가격만 고려한다면, 보통 '구입/판매'보다 '교환'에서 비트코인을 싸게 사거나 비싸게 팔 수 있습니다. 즉, 단순한 관점으로 보면 비트코인을 사든, 팔든 '교환'에서 이익을 더 얻는다고 생각하기 쉽습니다. 그렇다면 '구입/판매'의 존재 이유가 무엇인지 궁금해질 것입니다. 그 답은 안정적인 거래 환경을 만들려는 것입니다.

'교환'은 보통 '요청 금액'과 '입찰 금액'을 설정합니다. 이는 '사고 싶은 비트코인 양'과 '팔고 싶은 비트코인 양'입니다. '교환'은 사용자 사이의 거래이므로 요청 금액에 팔고 싶은 사람이 없다면 비트코인을 살 수 없습니다. 반대로 하면 입찰 금액에 사고 싶은 사람이 없다면 비트코인을 팔 수도 없습니다. 하지만 '구입/판매'는 서비스 제공자가 정한 가격에 무조건 사거나 팔 수 있으므로 필요할 때 비트코인을 얻을 수 있다는 안정성이 있습니다.

그림 11-3 거래 유형의 차이점

비트플라이어(bitFlyer)의 비트코인 교환

비트플라이어의 비트코인 구입/판매

비트플라이어의 비트코인 교환 메뉴. 그림에 표시된 'BTC/JPY'는 1BTC를 실제 화폐로 교환할 때의 가격을 나타냄. 'Bid Amount(BTC)'는 팔고 싶은 비트코인 양, 'Ask Amount(BTC)'는 사고 싶은 비트코인 양임

비트플라이어의 비트코인 구입/판매 메뉴. 'Buy(BTC/JPY)'는 거래소에서 1BTC를 살 때의 실제 화폐 금액임. 'Sell(BTC/JPY)'는 여러분이 소유한 비트코인을 거래소에 판매할 때의 1BTC당 실제 화폐 금액임

한국의 주요 거래소

지금까지 거래소 계정 생성과 거래소 거래 유형을 소개했습니다. 여기서는 여러분에게 도움이
될 한국의 주요 거래소를 소개합니다.

그림 11-4 한국의 주요 거래소

고팍스

https://www.gopax.co.kr

빗썸

https://www.bithumb.com

업비트

https://upbit.com

코인원

https://coinone.co.kr

12 비트코인 얻기

지갑이 있으면 비트코인을 얻는 최소한의 준비가 끝난 것입니다. 그러나 실제 비트코인을 얻으려면 어떤 방법으로든 지갑에 비트코인을 송금해야 합니다. 여기에서는 비트코인을 얻는 방법을 간략하게 설명합니다.

거래소에서 직접 구입

주식이나 외환을 이용한 금융 거래 상품(Foreign eXchange, FX) 등을 투자한 적이 있다면 거래소에서 암호화폐를 구입하는 개념을 쉽게 이해할 것입니다. 물론, 주식 투자를 한 적이 없더라도 구입하는 방법은 쉽게 이해할 수 있습니다.

거래소에서 직접 비트코인을 구입하려면 거래소 계좌로 실제 화폐를 입금해야 합니다. 거래소에 따라 신용카드로 구입할 수도 있는데, 이때는 돈세탁을 막고자 약 일주일 간 비트코인을 다른 지갑 주소로 옮길 수 없는 등의 제약이 있습니다. 구입한 비트코인을 모바일 지갑 등으로 빠르게 송금하려면 실제 화폐를 입금해 구입하길 권합니다.

그림 12-1 거래소의 비트코인 구입/판매 이용

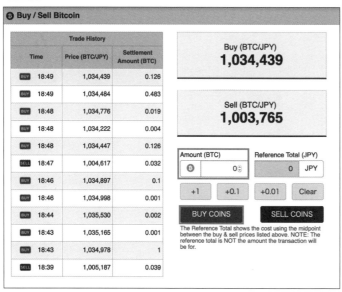

비트플라이어 거래소는 'Amount (BTC)'에 구입할 비트코인 수량을 입력하고 'BUY COINS'를 누르면 됨

거래소 등에서 구입한 비트코인 같은 암호화폐는 살 때 입금한 실제 화폐 금액을 되돌려 받을 수 있다고 보장하지 않습니다. 또한, 거래소 폐쇄나 해킹 사태 등의 상황에 따라 실제 화폐로 다시 교환할 수 없을 때도 있습니다. 구입할 때는 이러한 위험을 스스로 책임진다고 생각해야 합니다.

ATM에서 비트코인 얻기

ATM에서도 비트코인을 구입할 수 있습니다. 'Bitcoin ATM Map[7]'에 접속한 후 원하는 나라 이름이나 도시 이름으로 검색하면 비트코인을 구입할 수 있는 ATM 정보를 알 수 있습니다.[8]

ATM에서 비트코인을 구입할 때 주의해야 할 점은 거래소에서 구입/판매하는 것보다 상당히 높은 수수료를 내야 한다는 것입니다. 이 때문에 ATM 보급은 활발하지 않은 편입니다.

비트코인을 얻는 다른 방법

비트코인은 기술 관점으로 보면 '채굴'해서 얻는 것입니다. 비트코인을 채굴하는 사람을 '채굴자'라고 합니다. 채굴자는 비트코인 노드를 스스로 준비해 비트코인 네트워크 운영을 돕습니다. 노드를 운용해 비트코인 유지에 기여하여 '비트코인을 채굴할 권리(무(無)에서 비트코인을 얻을 수도 있는 권리)'를 얻는 것입니다.

'운이 좋아 비트코인을 얻었다'는 사례도 있지만, 비트코인을 얻는 확률은 보통 '채굴에 사용하는 컴퓨터의 계산 성능'에 비례합니다. 최근에는 성능이 뛰어난 많은 수의 컴퓨터로 병렬 계산해야 채굴할 수 있으므로 채굴의 효율성은 낮습니다.

드문 사례지만 인터넷 쇼핑몰 등에서 쇼핑할 때 덤으로 비트코인을 얻을 수 있기도 합니다.

---

7   https://coinatmradar.com
8   2020년 9월 기준 해당 사이트에서 한국 ATM의 검색 결과를 볼 수 없습니다.

█ 원 포인트   비트코인과 세금

2020년 9월 기준 비트코인(또는 다른 암호화폐)의 세법 정의는 명확하지 않습니다. 지방 자치 단체와 세무서 직원마다 해석이 다르기도 합니다. 단, 비트코인으로 어떤 이익을 얻었다면 원칙적으로 과세 대상이라고 생각하는 편이 좋습니다.

비트코인은 장기적으로 가격이 계속 오르거나 내리고 있으므로, 비트코인 구입 이후 특정 시점에 판매했을 때 이익을 얻는 사람이 존재할 것입니다. 그러므로 비트코인을 구입했을 때와 판매했을 때의 실제 화폐 금액을 비교한 후 얻은 이익에 세금을 매깁니다. 자신의 컴퓨터로 비트코인 노드에 참여해 채굴에 성공(무에서 비트코인을 얻음)했을 때 얻은 비트코인도 소득으로 여깁니다.

최근에는 비트코인으로 상품을 직접 구입하는 가게도 많아졌습니다. 엄밀히 말하면 비트코인을 얻었을 때의 실제 화폐 금액과 비트코인으로 쇼핑했을 때의 실제 화폐 금액(비트코인 시세)에 차이가 있고, 실제 화폐 기준으로 이익을 얻었다면 이 또한 세금을 매길 수 있습니다.

비트코인 송금하기

비트코인 등의 암호화폐는 화폐라는 이름처럼 '돈'의 한 종류입니다. 그러나 지폐나 동전 형태가 아니라 전자 지갑에서만 관리합니다. 그리고 은행에서 실제 화폐를 송금하는 것처럼 다른 전자 지갑에 '송금'할 수 있습니다.

Chapter 2

송금에 필요한 것

비트코인을 송금할 때는 <u>자신의 지갑 비밀 키</u>와 <u>송금받는 사람의 공개 키(지갑 주소)</u>가 필요합니다. 두 가지를 실제 화폐의 은행 송금과 비교하면 비밀 키는 '자신의 은행 계좌 비밀번호'고, 공개 키는 '송금받는 사람의 은행 계좌번호'입니다. 이렇게 비교하고 나면 송금받는 사람의 지갑 주소를 어떻게 알 수 있느냐는 문제가 보입니다.

은행 계좌라면 은행 이름과 10여 자리 숫자만 알려 주므로 말로 전할 수 있습니다. 그러나 비트코인 지갑 주소는 27~34자리로 구성되어 있고, 숫자와 알파벳(소문자와 대문자)이 뒤섞여 있습니다. 예를 들어, "1MMPmi … FxHE라는 주소로 보내."라고 말로 전하기는 어렵습니다.

또한 PC의 웹 브라우저(웹 지갑이나 거래소 지갑)로 송금한다면 지갑 주소의 문자열을 복사해 붙여넣기 할 수 있지만, 오프라인 가게 등에서는 붙여넣기를 활용하기 어렵습니다. 이때는 모바일 지갑이나 종이 지갑의 QR 코드를 스캔해 지갑 주소를 제공하는 편입니다.

그림 13-1 송금에 필요한 것

자신의 지갑 비밀 키 (= 자신의 은행 계좌 비밀번호)		송금받는 사람의 지갑 주소 (= 송금받는 사람의 은행 계좌번호)

실제로는 스마트폰 등으로 송금받는 사람의 지갑 주소에 해당하는 QR 코드를 스캔해 송금함

송금 확인

스마트폰의 모바일 지갑 앱 대부분에는 QR 코드 리더가 있습니다. 덕분에 송금받는 사람 지갑 주소의 QR 코드를 모바일 지갑 앱으로 스캔해 바로 송금할 수 있습니다. 구체적인 과정은 **그림 13-2**와 같습니다.

그림 13-2 송금 과정

① 송금받는 사람 지갑 주소의 QR 코드를 제시(스마트폰 화면 혹은 인쇄한 종이 지갑 등)

② 송금하는 사람의 모바일 지갑 앱으로 QR 코드 리더 실행

③ QR 코드 리더로 송금받는 사람 지갑 주소에 해당하는 QR 코드 스캔

④ 송금할 비트코인 금액 입력

과정 ④에서 송금액을 설정함. 일부 지갑 앱은 채굴자에게 보상할 수수료도 설정할 수 있음

그림 13-2 의 과정을 완료하면 두 사람의 지갑을 확인해 실제 송금이 이루어졌는지 확인합니다. 만약 송금했음에도 거래가 지갑에 반영되지 않았다면 '블록체인 다시 스캔' 등의 작업을 수행해야 합니다.

지갑의 금액 확인은 지갑 주인만 할 수 있지만, 송금 거래 내용 자체는 비트코인에 기록되었으며, 전 세계 누구나 열람할 수 있습니다. 실제 은행 계좌와 비교한다면, 본인의 계좌 내용이 전 세계에 공개되는 것과 비슷한 느낌일 수 있습니다. 하지만 블록체인은 거래 내용을 숨기지 않고 공개하는 방식으로 부정행위를 막습니다.

그림 13-3 거래 정보 확인

블록체인닷컴은 비트코인 거래 내용을 누구나 열람할 수 있는 서비스를 제공함. 지갑 주소를 검색해 특정 지갑의 입출금 내용을 보거나, 시시각각 늘어나는 전 세계의 거래 내용도 모두 살펴볼 수 있음

Lesson

[보안]

14 비트코인의 위험성 이해하기

비트코인은 전 세계에 7,000개 이상의 노드(컴퓨터)가 연결되어 운영 중입니다. 덕분에 시스템 자체가 갑자기 중단되거나 파산할 위험은 0에 가깝습니다. 비트코인에 관련된 위험 대부분은 지갑 관리와 관련이 있습니다.

분실 위험

비트코인 시스템 자체에는 위험성이 거의 없지만, 그 안의 암호화폐를 다루는 일에는 일정한 위험이 있습니다. 이는 국가가 파산하지 않는 한 해당 국가 화폐의 신뢰성은 유지되겠지만, 개인이 돈을 도난당하거나 잃어버리는 위험이 있는 것과 같습니다.

비트코인은 지갑을 이용해 관리하므로 지갑의 비밀 키(은행 계좌의 비밀번호에 해당)를 잊으면 지갑 속 자산도 영원히 잃게 됩니다. 은행 계좌라면 비밀번호나 계좌번호를 모두 잊어버리더라도 은행에 제공한 개인 정보 등을 확인해 반드시 계좌를 다시 사용할 수 있습니다. 그러나 비트코인 지갑은 개인 정보 등을 등록하지 않는 (거래소의 지갑은 제외) 시스템이므로 한 번 잃어버리면 다시는 사용할 수 없습니다.

그림 14-1 분실 위험 = 지갑을 사용할 수 없음

지갑의 비밀 키를 잃어버리면 지갑에 보관된 비트코인을 사용할 수 없음

도난 위험

비트코인은 지갑의 비밀 키가 없으면 마음대로 사용할 수 없습니다. 반대로 말하면 비밀 키만 있으면 뭐든지 할 수 있는 것입니다. 즉, 비밀 키는 절대로 남에게 알려져서는 안 됩니다. 은행

계좌, 도장, 카드, 비밀번호를 타인에게 함부로 전달하지 않는 것과 같은 의미입니다.

'비밀 키 도난'이라 하면 인쇄된 종이 지갑 혹은 모바일 지갑을 설치한 스마트폰의 도난이나 분실을 떠올릴 수 있습니다. 추가로 인터넷에 정보가 유출되는 것에도 주의해야 합니다. 특히, 웹 지갑이나 거래소의 지갑을 사용하면 서비스 제공자에게도 비밀 키가 알려진 것이므로 서비스 해킹 등으로 도난당할 가능성이 있습니다. 실제로 2014년에 발생한 마운트곡스 해킹 사건은 이용자의 잘못 없이 서비스 해킹으로 인해 비트코인이 도난된 상황입니다.

블록의 하드 포크 관련 위험

블록체인은 일시적으로 합의를 하지 못했을 때는 포크(Fork, 분기)할 수 있습니다(레슨 32에서 자세히 설명합니다). 보통 몇 개 블록 중 어떤 체인의 블록이 높은지에 따라 자연스럽게 합의에 이르므로 일반적인 상황에서는 신경 쓸 필요가 없습니다.

그러나 블록체인 자체적으로 정한 기준(예를 들어 블록 하나의 최대 용량)의 변경을 논의하면서 의견이 일치하지 않으면 이전 블록체인과는 호환되지 않는 블록을 만드는 하드 포크(영구적인 분기)가 일어날 수 있습니다. 실제로 비트코인 역시 기존의 블록체인 기준을 유지하는 '비트코인(BTC)'과 블록 용량 제한을 없앤 '비트코인 캐시(BCC 또는 BCH)'라는 새로운 암호화폐로 분리되었습니다(자주 있는 상황은 아닙니다).

물론 하드 포크는 여러 연구 결과를 바탕으로 최대한 안전하게 이뤄지도록 계획합니다. 그래도 안전성을 생각하면 송금이 제대로 이루어짐을 확인할 때까지 상황을 살펴보는 신중함을 유지하면 좋습니다.

지금까지의 역사를 살펴보면, 비트코인 시스템은 전 세계 개발자의 지혜를 모아 토론하면서 발전시키고 있습니다. 실제로 버전을 올릴 때도 다양한 반대 의견을 수용하면서 가장 보수적으로 발전하는 편입니다. 비트코인이나 이더리움 이외의 암호화폐는 대규모의 개발 커뮤니티가 없으므로 하드 포크는 특별한 위험이 있음을 염두에 두는 것이 좋습니다.

15 비트코인을 거래할 때의 블록체인 동작

비트코인을 송금한다는 것은 비트코인의 블록체인에 트랜잭션이 발생한다는 것과 같은 뜻입니다. 그럼 블록체인 안에서는 어떤 동작이 일어나는지 그 구조를 살펴보겠습니다.

비트코인의 트랜잭션 흐름과 블록체인

비트코인의 암호화폐는 원래 비트코인의 블록체인 운영을 지원하는 채굴자에게 보상을 주려는 것입니다. 레슨 01에서 블록체인은 암호화폐 거래 내용을 기록하는 전문 데이터베이스라고 설명했습니다. 비트코인도 블록체인 기반이므로 원칙적으로 같은 특성이 있습니다.

지갑의 주인(비밀 키를 아는 사람)이 다른 지갑에 송금할 때 지갑 애플리케이션은 비트코인 네트워크에 트랜잭션을 보냅니다. 하지만 전송한 트랜잭션이 블록체인에 곧바로 포함되는 것은 아니며, '트랜잭션 풀'이라는 임시 대기 장소에 저장됩니다. 그 후 여러 명의 채굴자가 트랜잭션을 블록에 기록하려고 채굴을 시도하고, 그중 한 명이 채굴에 성공했을 때 해당 블록이 비트코인 네트워크에 널리 퍼진(Broadcast) 블록체인에 기록됩니다.

채굴자가 채굴에 성공하는 빈도는 평균 약 10분에 한 번으로 알려져 있습니다. 물론 평균이므로 운이 나쁘면 전 세계의 채굴자가 몇 시간 동안 아무도 채굴에 성공하지 못할 수도 있습니다. 지갑 주인의 시선으로 보면 '송금이 실행되지 않은 상태'인 것입니다. 아쉽지만 이럴 때 지갑 주인은 마냥 기다리는 것 외에는 방법이 없습니다.

> 레슨 46에서 자세히 설명하겠지만, 채굴자에게 지급할 트랜잭션 수수료가 너무 싸게 설정되어 트랜잭션 기록이 블록체인에 반영되지 않을 수도 있습니다. 이때는 트랜잭션 수수료를 높여서 트랜잭션을 다시 보내면 기록이 블록체인에 반영될 것입니다.

개인 사이의 송금

개인 사이에 비트코인을 송금할 때는 보통 웹 지갑 또는 모바일 지갑 앱으로 송금할 수 있습니다. 지갑은 송금할 때 블록체인의 프로토콜에 따라 트랜잭션을 만들고 비트코인 네트워크로 전송합니다. 이는 뒤이어 소개할 '오프라인 가게에서 비트코인 사용' 절에서도 같은 원리로 동작합니다.

송금하는 사람의 지갑은 블록체인 네트워크에 접속해 자신의 지갑 주소가 관여한 트랜잭션 이력이 있는지 확인하는 방식으로 지갑 잔액을 나타냅니다. 즉, 블록체인에서 트랜잭션을 수용하지 않으면 송금받는 사람이 송금 사실을 확인할 수 없습니다. 블록체인의 구조를 생각하면 당연합니다.

오프라인 가게에서 비트코인 사용

최근에는 비트코인으로 직접 결제할 수 있는 오프라인 가게도 등장했습니다. 오프라인 가게에서 비트코인을 결제하는 것은 '소비자의 지갑에서 오프라인 가게의 지갑에 비트코인을 송금'하는 것과 같습니다. 즉, 개인 사이의 송금 과정과 원리는 같습니다.

그런데 오프라인 가게(송금받는 사람)는 블록체인에 트랜잭션이 기록되는 것을 기다리거나, 거래 내용을 확인하는 등의 결제 과정을 수용하기 어렵습니다. 예를 들어, 비트코인은 앞에서 설명한 것처럼 트랜잭션을 기록하는 데 평균 10분이 걸립니다. 오프라인 가게라면 '계산 코너 앞에서 손님이 평균 10분 기다려야 결제가 완료'되는 상황입니다.

이런 이유로 보통 오프라인 가게에서 비트코인으로 결제할 때는 블록체인에 트랜잭션이 기록되었는지 기다리지 않습니다. 손님의 모바일 지갑 인터페이스에서 송금(지급) 완료를 확인하는 순간(아직 블록체인에 트랜잭션이 기록되지 않았다는 위험을 감수)에 결제가 완료되었다고 봅니다. 물론, 오프라인 가게에 어느 정도 위험이 있습니다.

> 이렇게 송금을 확인했을 때 결제가 완료됐다고 보는 것을 '제로 컨펌(Zero Confirmation)'이라고 합니다. 레슨 46에서 자세히 설명합니다.

거래소에서 비트코인을 관리하는 방법

어떤 사람이 거래소에서 지갑(계좌)을 만들었을 때, 거래소가 어떤 구조로 비트코인을 관리하는지 살펴보겠습니다.

비트코인은 블록체인에 기록되어 있습니다. 그리고 거래소는 '어떤 사람에게 비트코인이 얼마나 있는지' 개별로 관리합니다. 그래서 거래소는 사람 각자에게 지갑을 할당해 개개인이 소유한 비트코인을 지갑 기준으로 관리한다고 자연스레 해석할 수 있습니다.

그런데 실제 운영 형태는 약간 다릅니다. 거래소 밖에서 거래소 계좌의 지갑 주소로 송금이 가능하므로 개인별 지갑이 있는 것은 확실합니다. 단, 해당 지갑은 '송금받는 창구' 역할을 담당할 뿐입니다. 거래소 밖에서 거래소 계좌의 지갑으로 비트코인을 보냈을 때는 해당 비트코인 금액을 블록체인이 아닌 거래소 안 개인별 데이터베이스에 기록합니다.

그 후 비트코인을 창구 역할을 하는 지갑에서 거래소의 관리용 지갑으로 옮깁니다. 즉, 거래소의 관리용 지갑은 '거래소의 모든 사용자가 소유(혹은 그 이상)한 비트코인 금액'이 있는 것입니다. 반대로 거래소 계좌의 지갑에서 거래소 밖 지갑으로 비트코인을 송금하면, 먼저 해당 송금액을 거래소의 개인별 데이터베이스에 기록합니다. 그 후 비트코인을 거래소의 관리용 지갑에서 외부 지갑으로 송금합니다.

그림 15-1 거래소에서 일괄 관리하는 비트코인

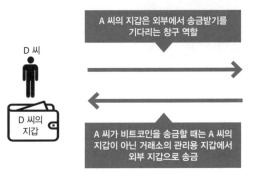

A 씨의 지갑은 외부에서 송금받기를 기다리는 창구 역할

A 씨가 비트코인을 송금할 때는 A 씨의 지갑이 아닌 거래소의 관리용 지갑에서 외부 지갑으로 송금

D 씨

D 씨의 지갑

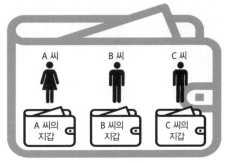

A 씨 B 씨 C 씨

A 씨의 지갑 B 씨의 지갑 C 씨의 지갑

거래소의 관리용 지갑

거래소의 관리용 지갑에 전체 거래소 사용자의 비트코인을 모아서 관리. 거래소에 만든 개인별 계좌는 비트코인을 받는 창구 기능만 있음

블록체인 뷰어

앞에서 트랜잭션이 발생했을 때 블록체인 안에서 어떤 동작을 하는지 소개했지만, 그래도 전체 그림을 이해하기는 어려울 수 있습니다. 이럴 때 **블록체인 뷰어 서비스를 이용하면 시각화한 블록체인의 동작을 볼 수 있습니다.**

대표적인 블록체인 뷰어로 '체인플라이어(chainFlyer)[9]'를 소개합니다. 깔끔한 그래픽과 함께 블록체인 동작을 관찰합니다. 사이트에 접속하면 많은 트랜잭션이 하늘에서 떨어지는 애니메이션을 볼 수 있습니다. 이는 전 세계에서 발생하는 실시간 트랜잭션 발생 정보를 뜻합니다. 이 트랜잭션 정보는 아직 블록에 포함되지 않은 것입니다(트랜잭션 풀에 저장됩니다).

그림 15-2 체인플라이어

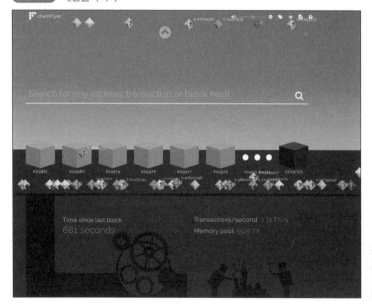

체인플라이어에서는 많은 트랜잭션이 위에서 떨어지고, 블록에 포함되는 순간 해당 드랜잭션이 사라지는 애니메이션을 볼 수 있음
https://chainflyer.bitflyer.jp

> 맨 오른쪽의 검은색 박스는 이 장 처음에 소개한 비트코인의 '제네시스 블록(첫 번째 블록)'을 뜻합니다. 해당 박스를 마우스로 두 번 클릭하면 블록체인의 정보와 3D 형태로 블록 내용을 나타낸 멋있는 그림을 볼 수 있습니다. 꼭 마우스로 두 번 클릭해서 내용을 보기 바랍니다.

---

9 https://chainflyer.bitflyer.jp

트랜잭션 내용 살펴보기

체인플라이어 페이지에 여러 개 있는 주황색 박스는 블록을 나타냅니다. 이 블록 속에 많은 트랜잭션이 포함됩니다. 제네시스 블록처럼 해당 박스를 마우스로 두 번 클릭해 열면, 블록 안 트랜잭션을 뿌리는 듯한 애니메이션을 볼 수 있습니다(실제로 트랜잭션을 이렇게 뿌리지는 않습니다).

블록 하나에는 약 수백 또는 수천 개의 트랜잭션이 포함됩니다. 이 중에서 이해하기 쉬울 것 같은 트랜잭션을 하나 열어 보았습니다(그림 15-3 참고).

그림 15-3 체인플라이어에서 트랜잭션 확인

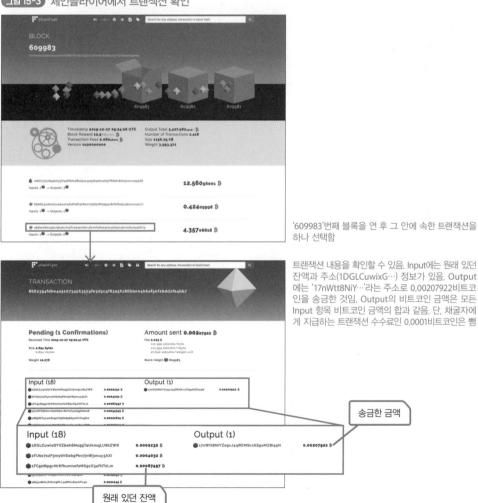

'609983'번째 블록을 연 후 그 안에 속한 트랜잭션을 하나 선택함

트랜잭션 내용을 확인할 수 있음. Input에는 원래 있던 잔액과 주소(1DGLCuwixG…) 정보가 있음. Output 에는 '17nWtt8NiY…'라는 주소로 0.00207922비트코인을 송금한 것임. Output의 비트코인 금액은 모든 Input 항목 비트코인 금액의 합과 같음. 단, 채굴자에게 지급하는 트랜잭션 수수료인 0.0001비트코인은 뺌

송금한 금액

원래 있던 잔액

나에게 보낸 비트코인 금액 확인하기

어떤 주소에서 몇 건 정도 트랜잭션을 보냈는지는 블록체인 뷰어를 보면 명확합니다. 즉, 전 세계의 누군가가 나에게 보낸 비트코인 금액도 확인할 수 있습니다. 이는 바꿔 말하면 내가 다른 사람 몰래 비트코인을 송금할 수 없다는 뜻이기도 합니다. 누구든 같은 거래 내용을 확인할 수 있어야 합니다. 이 부분이 비트코인의 묘미입니다.

그림 15-4 저자의 비트코인 주소 속 거래 내용

체인플라이어 뷰어에서 확인
(https://chainflyer.bitflyer.jp/Address/1MMPmi4b6HwV1yC4mGE4vATxM1h9U1FxHE#)

체인플라이어의 검색 박스에 저자의 비트코인 주소(다음에 나오는 '원 포인트' 참고)를 입력해 검색하면 거래 내용이 표시됨

그림 15-4 에는 송금 테스트에 사용한 0.01비트코인(그림 왼쪽 맨 아래 To 화살표 항목 참고) 이후의 송수신 기록이 있습니다. 이후에 어떤 트랜잭션이 기록될까요? 매우 기대됩니다.

█ 원 포인트   저자에게 직접 비트코인 송금하기

이 책의 독자가 저자에게 기부할 수 있도록 비트코인 주소를 하나 준비했습니다. 다음에 소개하는 주소로 비트코인을 송금하면 저자에게 직접 비트코인을 기부할 수 있습니다. 그림 15-4 의 QR 코드를 스캔하면 쉽게 송금할 수 있습니다.

그림 15-5 저자의 비트코인 주소

1MMPmi4b6HwV1yC4mGE4vATxM1h9U1FxHE

C o l u m n

지갑의 여러 운용 단계

비트코인 지갑은 공개 표준이므로 이 책에서 소개한 웹 지갑, 모바일 지갑, 종이 지갑 이외에도 '데스크톱 지갑, 하드웨어 지갑' 등 여러 종류의 지갑이 있습니다. 모든 종류의 지갑은 서로 호환하며, 이는 기존 결제 시스템과 비트코인 지갑의 결정적 차이입니다.

기존 결제 시스템과의 차이점에는 비트코인 핵심 사용자가 특히 관리자를 신뢰하지 않는 경향이 강하다는 것도 있습니다. 이런 사용자는 특정 서비스에서 제공하는 로그인 관리 기반의 웹 지갑 서비스나 모바일 지갑 서비스를 좋아하지 않는 편입니다. 또한, 인터넷에 연결된 PC에서 송금에 필요한 트랜잭션을 생성하는 것이 위험하다고 생각해 일부러 인터넷과 연결되지 않은 PC를 준비해 송금 서명을 하는 사람도 있습니다. 물론, 서명 전용 오프라인 PC를 직접 준비하는 개인은 드물겠지만 이러한 환경을 준비한 거래소는 제법 있습니다.

한편, 서명 전용 오프라인 PC를 사용하는 것과 같은 개념으로 개발한 지갑 시스템이 하드웨어 지갑입니다(레슨 37의 그림 37-4 참고). 하드웨어 지갑은 트랜잭션의 생성과 서명을 인터넷과 분리된 환경에서 안전하게 하도록 작은 전용 회로를 탑재한 기기입니다.

하드웨어 지갑 안에서 사용하는 키는 해당 지갑 안에서 생성되며, 외부에서 접속할 수 없는 IC 칩 안에 있습니다. 키를 억지로 꺼내려면 해당 지갑 자체를 망가뜨려야 합니다. 또한 인터넷과 분리되었으므로 서명한 트랜잭션은 인터넷과 연결할 수 있는 PC나 스마트폰을 이용해 블록체인 네트워크에 전송합니다.

> 하드웨어 지갑은 인터넷 쇼핑몰 등에서 살 수 있습니다. 단, 하드웨어 지갑에서 다룰 수 있는 암호화폐 종류가 제한적이거나 모국어 지원을 받지 못할 수 있으므로 사전에 하드웨어 지갑 정보 등을 확인해야 합니다.

블록체인을 지원하는
암호화 기술
이해하기

블록체인을 제대로 이해하려면 암호화 기술 관련 지식이 필요합니다. 이 장에서는 암호화 기술과 함께 블록체인의 안전성과 신뢰성을 높이는 방법을 살펴봅니다.

16 정보 시스템을 지원하는 현대 암호화 기술

인터넷에서 교환하는 데이터는 항상 누군가 가로챌 수 있는 위험이 존재합니다. 블록체인도 예외는 아닙니다. 따라서 가로채기 당해서 곤란한 데이터는 내용을 읽기 어려운 형태로 변환합니다. 이를 암호화라고 합니다.

암호화의 원래 목적

'암호화'라면 무엇을 떠올리나요? 보통 암호화를 설명하는 그림으로 '앨리스'와 '밥'이라는 사람이 비밀을 교환하는 예를 보여줍니다. 사람이 이해하는 문장을 어떤 규칙에 따라 이해하지 못하는 형태로 변환해 비밀을 교환하는 것을 암호화(Encryption)라고 합니다.

사람이 이해하는 문장을 '평문', 암호화한 문장을 '암호문(또는 암호)'이라고 하며, 암호문을 평문으로 되돌리는 것을 '복호화(Decryption)'라고 합니다.

역사적으로 암호화는 컴퓨터가 발달하기 전 다른 사람에게 알려지면 부끄러운 일이나 나쁜 일(예를 들어, 전쟁의 전략 전달이나 암살 지령 전달)을 숨겨서 전달하는 데 이용되어 왔습니다. 따라서 상황에 따라 꺼림칙한 기술이라는 인상을 받는 사람도 있을 것입니다.

그림 16-1 암호화의 기본 원리

송신자(앨리스)는 평문을 암호화해 전송하고, 수신자(밥)는 암호문을 해독해 내용을 읽음

원래 암호는 비밀을 교환하는 기술로 개발되었습니다.

현대의 암호화 목적

컴퓨터가 발달한 현대의 암호화 기술은 과거와 비교했을 때 비밀 교환 도구에서 벗어나 **일상 생활의 안전을 지키는 파수꾼**으로 변모하였습니다. 문서의 비밀 보호만을 목적으로 하지 않습니다. 그림 16-2 처럼 다양한 특징이 있습니다.

그림 16-2 암호화 기술의 다양한 특징

- 문서 접근 권한을 특정 사람에게만 한정함
- 문서 내용이 변경되지 않았음을 보장함
- 문서 작성자의 서명을 검증하거나 증명함
- 문서가 어느 시점에 만들어졌는지 증명함
- 문서에 포함된 내용을 부인하지 못하도록 함

블록체인은 암호화 기술 기반

암호화 기술은 모든 정보 시스템의 신뢰성을 지원합니다. 전기/수도/가스 등 생활 관련 인프라와 교통 시스템, 금융 결제 시스템 등 우리 삶에 필수적인 체제에는 반드시 암호화 기술을 적용합니다. 만약 암호화 기술이 제대로 동작하지 않으면 인터넷을 사용할 수 없을 뿐만 아니라 생활 자체가 성립되지 않을 정도의 영향력이 있습니다. 그런데도 암호화 기술은 우리 눈에 드러나지 않습니다.

블록체인은 암호화 기술의 특성을 적절히 이용해 앨리스와 밥 같은 당사자 두 사람 사이뿐만 아니라 **네트워크에 참여하는 모든 사람이 암호화 기술의 장점을 누릴 수 있는 구조**로 되어 있습니다. 따라서 블록체인의 행동을 제대로 이해하려면 암호화 기술의 사전 지식을 이해해야 합니다.

그림 16-3 암호화 기술로 구성된 정보 시스템 예

- 전기, 가스, 수도의 모니터링과 제어
- 전화, 문자 내용 숨기기
- 교통관제 시스템(철도, 비행기, 자동차)의 디지털 통신
- 금융 거래 시스템

암호화 기술은 생활을 지탱하는 중요한 기술로 이용됩니다.

과거의 암호화 방법

보통 암호화의 요소에는 '암호 만들기(암호화)', '암호 풀기(복호화)', '암호 만들기와 풀기에 사용하는 키'가 있습니다.

과거부터 다양한 암호화 방법이 있었습니다. 기원전에는 특정 숫자만큼 알파벳 순서를 밀어내 읽는 '카이사르 암호(Caesar Cipher)'가 등장했고, 16세기에는 문자마다 배치를 바꾼 후 배치 변경 방식의 원리를 배열 형태의 표로 기록한 '비즈네르 암호(Vigenère Cipher)'가 등장했습니다.

이러한 암호화 방법의 특징을 합해 20세기 중반에는 암호 기계를 이용하는 '이니그마(Enigma) 암호' 등도 등장했습니다. 그 밖에도 많은 암호화 방식이 있는데, 공통적인 특징은 암호화와 복호화 방법, 암호를 푸는 키를 외부에 알리지 않아야 한다는 점입니다.

그림 16-4 암호화, 복호화, 키의 구조

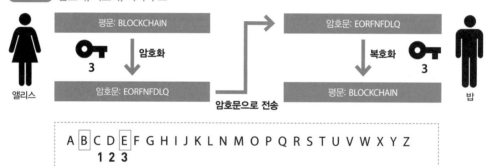

카이사르 암호의 원리. 평문의 문자 각각을 알파벳 순서에 따라 오른쪽으로 문자 3개씩 밀면 B는 E, L은 O가 됨. 이 규칙에 따라 모든 문자를 변환하면 BLOCKCHAIN은 EORFNFDLQ가 됨. 알파벳 순서에 따라 오른쪽으로 문자 3개씩 민다는 규칙이 핵심. 이를 수신자에 게만 전달하면 암호문을 수신자가 복호화할 수 있음

과거의 암호화는 어떤 방법이든 암호를 만들고 푸는 방법과 키를 숨겨야 했습니다.

수학 이론을 기반에 둔 현대 암호화 기술

컴퓨터가 발전한 이후의 현대 암호화 기술은 수학 이론을 기반으로 합니다. 현대 암호화 기술의 특징은 암호화, 복호화, 키를 만드는 방법 자체는 비밀이 아니라는 점입니다. 비밀로 해야할 사항은 공개된 방법대로 만든 개별 키 자체입니다.

현대 암호화 기술은 보통 다음의 ▶그림 16-5◀ 처럼 대칭 키 암호(Symmetric Key Cryptography)와 공개 키 암호(Public Key Cryptography) 방식을 사용합니다.

블록체인에서는 공개 키 암호를 많이 사용합니다. 특히 다른 공개 키 암호 방식보다 키 길이가 짧은 타원 곡선 암호(Elliptic Curve Cryptography)를 자주 사용합니다.

공개 키는 용어 그대로 널리 공개해도 상관없는 키지만, 비밀 키는 문서 작성자만 알아야 하는 키입니다. 절대로 다른 사람에게 알려져서는 안 됩니다.

▶그림 16-5◀ 대칭 키 암호와 공개 키 암호

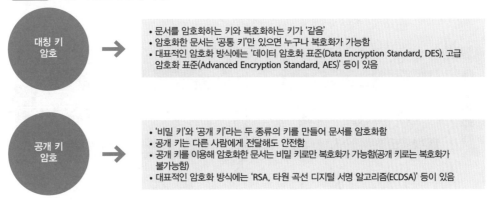

- 문서를 암호화하는 키와 복호화하는 키가 '같음'
- 암호화한 문서는 '공통 키'만 있으면 누구나 복호화가 가능함
- 대표적인 암호화 방식에는 '데이터 암호화 표준(Data Encryption Standard, DES), 고급 암호화 표준(Advanced Encryption Standard, AES)' 등이 있음

- '비밀 키'와 '공개 키'라는 두 종류의 키를 만들어 문서를 암호화함
- 공개 키는 다른 사람에게 전달해도 안전함
- 공개 키를 이용해 암호화한 문서는 비밀 키로만 복호화가 가능함(공개 키로는 복호화가 불가능함)
- 대표적인 암호화 방식에는 'RSA, 타원 곡선 디지털 서명 알고리즘(ECDSA)' 등이 있음

대칭 키 암호와 공개 키 암호 각각은 이와 같은 특징이 있음. 블록체인에서 많이 사용하는 것은 공개 키 암호임

공개 키 암호는 레슨 17에서 자세히 설명합니다.

17 특정 사람만이 정보에 접근하는 공개 키 암호

공개 키 암호는 암호를 만드는 키와 푸는 키가 서로 다른 비대칭 암호화입니다. 공개 키로 암호화한 문서는 짝을 이루는 비밀 키로 풀어야 한다는 특성이 있습니다. 공개 키 암호는 슈퍼 컴퓨터를 사용해도 푸는 데 수만 년이 걸리는 수학적 난제를 기반으로 합니다.

공개 키 암호로 암호화폐 시스템의 기반 구조 제공

블록체인처럼 여러 참여자가 있는 네트워크에서 특정 사람에게만 문서 접근과 제어 권한을 부여할 때는 '공개 키 암호'가 유용합니다. 공개 키로 암호화한 문서는 비밀 키로만 복호화하는 특성 때문입니다. 즉, 특정 사람만 어떤 작업이 가능한 구조를 만드는 데 적합합니다. 블록체인에서는 특정 사람에게 암호화폐를 송금하고, 송금받은 사람만 암호화폐를 사용한다는 근본 메커니즘을 제공합니다.

그림 17-1 공개 키를 이용해 암호화한 문서는 비밀 키로만 복호화 가능

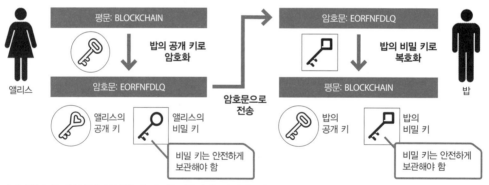

송신자(앨리스)는 수신자(밥)가 공개한 키(공개 키)를 사용해 암호화. 밥의 공개 키로 암호화한 암호문은 밥의 비밀 키로만 복호화할 수 있음

암호문 해독에는 엄청난 시간이 필요

공개 키 암호에는 여러 종류가 있습니다. 모두가 A → B 방향의 복호화는 즉시 할 수 있지만, B → A 방향으로 되돌리기는 매우 어려운 수학적 난제를 적용합니다. 수학적 난제는 효율적인

계산 방법이 없고, 기존 슈퍼컴퓨터로 무차별 탐색하더라도 해결하는 데 엄청난 시간이 걸린다고 추정하는 것입니다.

수학적 난제가 무엇인지 이해하기 쉽도록 **그림 17-2** 를 통해 큰 수의 소인수 분해 예를 살펴보겠습니다.

다섯 자리 두 소수의 곱셈인 10007×19,997은 계산기를 사용해 200,109,979라는 답을 쉽게 얻습니다. 하지만 200,109,979를 소인수 분해한 결과가 10,007과 19,997임을 계산하는 효율적인 방법은 없습니다. 여러 개 소수를 무차별로 곱해 200,109,979가 되는 조합을 찾아야 합니다.

이 소인수 분해를 사람이 직접 계산하기란 불가능합니다. 엑셀을 사용하더라도 어려울 것입니다.

그림 17-2 풀기 어려운 큰 수의 소인수 분해

$$10,007 \times 19,997 = 200,109,979$$
두 소수의 곱셈은 간단하게 계산 가능

$$200,109,979 = ? \times ?$$
긴 자릿수를 갖는 숫자를 소인수 분해하기는 어려움

실제 암호화에는 수백 자리에 해당하는 더 큰 숫자를 사용합니다.

수학적 난제를 적용한 암호 알고리즘

앞에서 다룬 소인수 분해 예에서 200,109,979라는 두 소수의 곱셈 결과와 두 소수 중 하나가 10,007이라는 사실을 여러분만 안다고 생각해 봅시다. 그럼 200,109,979 ÷ 10,007을 계산해 19,997이라는 다른 소수 하나를 여러분만 빠르게 알 수 있습니다.

실제 암호화할 때는 더 큰 자릿수(수백 자리 이상)의 숫자를 사용하므로 계산도 더 복잡합니다. 공개 키 암호 이론은 이러한 수학적 난제를 고도로 발전시킨 것입니다. 방금 설명한 큰 수의 소인수 분해 문제 말고도 이산 대수 문제[10] 등이 있습니다. 이들은 효율적인 계산 방법이 아직 발견되지 않았고, 영원히 계산 방법을 찾기 어려울 것이라 예상되는 함수입니다. 이를 '트랩도어 함수(Trapdoor One-way Function)'라고도 합니다.

공개 키 암호 알고리즘에는 보통 슈퍼컴퓨터를 이용한 무차별 탐색으로도 정답을 찾는 데 수만 년이 걸릴 것으로 추정하는 문제를 적용합니다.

---

10 **옮긴이** 보통 $y = g^x \bmod p$라는 식에서 y, g, p를 알더라도 x를 계산하기 어렵다는 문제를 뜻합니다.

통신 경로상에서 안전하게 공유된 키 교환

공개 키 암호를 사용하면 암호를 푸는 키를 바꿀 필요가 없습니다. 그럼 위험한 통신 경로상에서 암호 키를 교환해야 하는 대칭 키 암호를 사용할 필요가 있겠냐고 생각하는 사람이 있을 것입니다.

그러나 잊어서는 안 될 공개 키의 단점이 있습니다. 대칭 키 암호와 비교했을 때 계산 시간이 훨씬 오래 걸린다는 것입니다. 그래서 용량이 큰 데이터를 암호화할 때 적합하지 않습니다.

실제로 SSL/TLS(주로 인터넷 통신을 암호화하는 과정) 등의 구현을 살펴보면 공개 키 암호 방식에서 만든 키를 그대로 암호 키로 사용하는 예가 적습니다. 보통 대칭 키 암호 방식으로 문서를 암호화하고 일회성으로 해당 대칭 키를 서로 주고받을 때 공개 키 암호를 사용합니다. 혹은 전자 서명에 사용합니다.

그림 17-3 공개 키 암호로 대칭 키 암호에서 만든 대칭 키를 교환

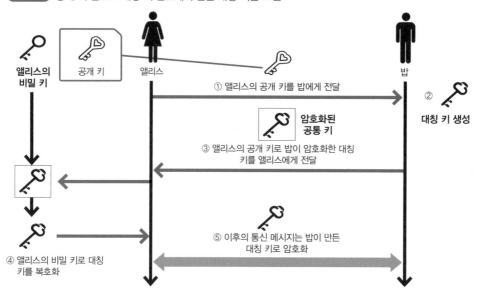

용량이 큰 디지털 문서는 대칭 키 암호로 암호화해 교환하면 효율적임. 단, 대칭 키를 가로채는 보안 문제가 발생할 수 있으므로 통신 경로상에서 대칭 키를 전달하는 상황은 피해야 함. 이때 대칭 키 자체를 공개 키 암호로 암호화해 전달하면 두 사람이 안전하게 대칭 키를 공유할 수 있음

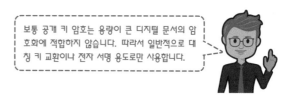

보통 공개 키 암호는 용량이 큰 디지털 문서의 암호화에 적합하지 않습니다. 따라서 일반적으로 대칭 키 교환이나 전자 서명 용도로만 사용합니다.

공개 키 암호에는 'RSA'라는 유명한 기술이 있지만, 블록체인에서는 타원 곡선 암호 기반의 타원 곡선 디지털 서명 알고리즘(Elliptic Curve Digital Signature Algorithm, ECDSA)이라는 공개 키 암호를 많이 사용합니다.

그림 17-4 는 공개 키 암호가 대칭 키 암호와 같은 정도의 보안 강도가 있으려면 어느 정도의 키 길이가 필요한지 나타낸 표입니다(대칭 키 암호의 비트 수를 기준으로 비교합니다).

그림 17-4 RSA와 타원 곡선 암호의 보안 강도 비교

보안 비트 수	대칭 키 암호	소인수 분해 기반 암호 (예: RSA)	타원 곡선 암호 (예: ECC/ECDSA)
80	2TDEA	k = 1024	f = 160~223
112	3TDEA	k = 2048	f = 224~255
128	AES-128	k = 3072	f = 256~383
192	AES-192	k = 7680	f = 384~511
256	AES-256	k = 15360	f = 512 이상

출처: Recommendation for Key Management, Part 1: General (Revised) – http://csrc.nist.gov/publications/nistpubs/800-57/sp800-57-Part1-revised2_Mar08-2007.pdf

타원 곡선 디지털 서명 알고리즘은 RSA와 비교했을 때 상당히 짧은 키만 사용해도 같은 정도의 보안 강도를 유지할 수 있습니다. 즉, 블록체인에 서명을 많이 하거나 키를 교환할 때가 많은 상황, 특히 작은 코드 영역에서 서명이나 키를 교환하려면 타원 곡선 디지털 서명 알고리즘을 적용한 소규모의 공개 키 시스템 쪽이 편리합니다.

처리 속도를 비교하면, 타원 곡선 디지털 서명 알고리즘이 RSA보다 빠릅니다. 블록체인 네트워크는 발행된 모든 트랜잭션에 전자 서명을 해야 하는데, 탈중앙화 시스템이므로 서명하는 환경의 계산 능력이 일정하지 않습니다. 따라서 처리 속도가 상대적으로 빠른 타원 곡선 암호가 RSA보다 블록체인에 더 적합합니다.

서명 검증과 처리는 128 이상의 보안 비트 수를 구현한 환경이 적합합니다. 현재 RSA의 클래스 키 길이는 2,048~4,096비트이므로 타원 곡선 디지털 서명 알고리즘보다 비트 수가 커서 처리 속도가 빠른 편입니다. 단, 앞으로 더 긴 키 길이가 필요하다면 RSA보다 타원 곡선 디지털 서명 알고리즘의 서명 검증과 처리 속도가 빨라질 것입니다.

이 때문에 블록체인에서는 타원 곡선 디지털 서명 알고리즘을 사실상의 표준으로 다룹니다. SSL/TSL에서도 같은 이유로 RSA에서 타원 곡선 디지털 서명 알고리즘으로 보안 알고리즘을 바꾸기 시작했습니다.

18 안전한 암호 키를 생성하는 난수 생성법

암호화의 보안 강도는 어느 정도 이상 규칙이 없는 난수를 얻는 과정과 같다고 해도 과언이 아닙니다. 그러나 컴퓨터에서 '규칙성이 없는' 조건을 충족하기는 어렵습니다. 안전한 키를 얻으려면 지금도 아날로그 방법에 의존해야 합니다.

암호의 안전성은 예측 불가능한 난수 생성에 기반을 둠

현대 암호학에서는 암호화에 사용하는 키를 얼마나 안전하게 보호하는지가 중요합니다. 지금까지 여러 번 강조한 부분입니다. 또한, 대칭 키 암호나 공개 키 암호 같은 기술과 상관없이 기반이 되는 키를 생성할 때 (규칙성이 없는) 예측 불가능한 난수를 얻느냐에 따라 안전성이 결정된다고 해도 과언이 아닙니다.

그림 18-1 암호화에 적합하지 않은 난수 예

무작위처럼 보이지만, 규칙성이 있으므로 특정 원의 색상이 무엇인지 예측할 수 있음.
? 이 ● 인지 ○ 인지 짐작할 수 있으면 **난수가 아님**   (정답) ○

3×8 행렬에서 ○과 ●은 무작위로 배치된 것처럼 보이지만, ○과 ● 행 기준으로 같은 숫자만큼 좌우 대칭으로 배치되었음. 따라서 ●는 ○이라고 예측할 수 있으므로 규칙이 존재함

진정한 난수는 규칙성이 없으므로 당연히 재현성도 없습니다. 그러나 컴퓨터는 규칙성이나 재현성이 없는 예측 불가능한 동작을 계속하는 데 매우 서툽니다.

컴퓨터는 유사 난수만 생성 가능

컴퓨터가 생성한 난수는 '유사 난수'라고 합니다. 유사 난수를 만드는 논리를 포함하는 프로그램을 '유사 난수 생성기'라고 합니다.

'유사'라는 접두어를 사용하는 이유는 실제로 어떤 함수에 넣은 입력값으로 사람에게는 규칙성이 없는 것처럼 보이는 난수를 만들기 때문입니다. 함수는 같은 값을 입력하면 항상 같은 출력값을 얻는 특성이 있습니다. 유사 난수 생성기도 함수를 사용하므로 예외 없이 재현성과 예측 가능성이 보장됩니다.

유사 난수 생성기에 난수의 씨앗인 '시드'라는 값을 넣으면 난수로 보이는 값을 출력합니다. 그러나 유사 난수 생성기는 시드 값이 같으면 항상 같은 난수를 얻는 특징이 있습니다. 즉, 순수한 난수가 아니므로 '유사'라고 하는 것입니다.

예측 가능한 유사 난수는 암호화하기 어려움

시드 값을 알면 누구나 같은 난수를 만든다는 특징은 게임을 만들 때 편리합니다. 예를 들어 가위바위보 게임을 컴퓨터로 만들 때는 어떤 계산 규칙에 따라 가위, 바위, 보 중 무엇을 낼지 정합니다. 이때 사용한 '계산 규칙'을 알면 어떤 컴퓨터를 사용하든 다음에 무엇을 낼지 추측할 수 있습니다. 이를 '재현성'이라고 합니다.

재현성은 계산 규칙만 있으면 데이터를 유지하지 않아도 백 번이든 수천 번이든 반드시 순서대로 재현할 수 있습니다. 즉, 컴퓨터에서 가위바위보를 여러 번 실행한다면 무엇을 냈는지에 관한 정보를 어딘가에 저장할 필요가 없다는 장점이 있습니다. 이를 응용한 예로는 롤플레잉 게임인 드래곤 퀘스트 시리즈에서 구현한 '부활의 주문'이라는 세이브 방식입니다. 특정 문자열(비밀번호)을 입력하면 필드의 몬스터 출현 위치를 재현할 수 있습니다.

예측 불가능(규칙 없음)한 시드로 만든 키와 예측 가능(규칙 있음)한 시드로 만든 키 중에는 전자가 더 공격하기 어려우므로 당연히 안전성이 높습니다.

주사위 방식으로 안전한 키 만들기

현대 암호학은 컴퓨터의 발달로 실현되었습니다. 그러나 안전한 키를 생성할 때 컴퓨터로만 '진짜 난수'를 얻기 어려운 것도 현실입니다. 따라서 '여러 번 주사위 던지기' 같은 아날로그 방법을 이용해 규칙과 재현성이 없는 예측 불가능한 난수를 만듭니다. 이는 안전한 암호 키를 만들 때 사용하는 방법으로 알려져 있습니다.

 그림 18-2 규칙이 없는 난수 만들기

임의의 난수

1 0 1 0 1 0 1 0 1 0 1 0 0 0 1 0 1 1 0 0 1 0 1 0 1

예를 들어 주사위를 던져 홀수가 나오면 1,
짝수가 나오면 0으로 설정한 후 주사위를
반복해 던져 난수 생성

주사위를 던져 나온 숫자를 사용하는 등의 아날로그 방법으로 가장 안전한 난수를 생성할 수 있음

키의 안전성을 중요하게 생각하는 업무용 난수 발생기에는
실제 주사위 프로그램을 일부 포함합니다. 주사위를 여러
번 던져 나온 숫자의 홀수와 짝수를 1과 0으로 구별한 후
난수 순서를 정하는 등의 기능도 있습니다.

실용적으로 사용할 난수를 만드는 방법

암호용 키에 필요한 난수를 생성하고자 매번 주사위를 던지는 일은 현실적이지 않습니다. 그래서 컴퓨터를 사용하면서도 안전한 난수를 얻는 다양한 방법을 사용합니다. 예를 들어, 사용자의 마우스 커서를 적당히 움직였을 때의 좌표 변화를 시드 값으로 사용하거나, 스마트폰 터치스크린의 손가락 움직임에 따라 난수를 생성하는 간단한 게임을 준비하거나, 스마트폰의 기울기 정도나 진동의 변화를 바탕으로 시드 값을 생성하는 것 등이 있습니다.

▌원 포인트　사람은 왜 임의의 난수를 만들 수 없는가?

'주사위를 던져 나온 숫자를 기초로 진짜 난수를 만든다'고 설명했지만, 주사위를 여러 번 던지는 것이 귀찮을지도 모릅니다. 그냥 사람이 적당히 난수를 정해서 사용하면 재현성도 없고 예측 가능성도 없는 진짜 난수를 얻는 것이 아니냐고 생각하는 사람도 있을 것입니다.

그러나 실제로는 생각보다 어렵습니다. 사람이 난수를 만들면 무의식중에 어떤 의도를 포함해 결국은 '무작위로 보이는 것'처럼 난수를 만들기 때문입니다. '세 살 버릇 여든까지 간다'는 속담처럼 사람은 무의식중에도 호불호가 있고, 난수를 만드는 배열 패턴에 이러한 호불호가 반영됩니다.

저자는 어린 시절 학교 레크리에이션 행사의 ○× 퀴즈에 참여한 적이 있습니다. 그런데 저학년 참여자의 정답률이 이상하게 높고, 좀처럼 탈락하지 않아 신기하다고 생각했습니다. 그런데 어떤 문제에서 저학년의 참여자가 한꺼번에 탈락했습니다. 이때 "패턴이 바뀌었다!"고 외친 아이에게 깜짝 놀랐습니다. 나중에 돌이켜보니, 저자가 ○와 ×를 번갈아가며 정답으로 삼았다는 사실을 인식하지 못한 것입니다. 출제자는 ○ 혹은 ×가 연속적으로 정답인 상황을 만들지 않으려는 무의식이 너무 강해 결과적으로 ○와 ×를 번갈아가며 정답으로 삼는 패턴을 사용한 것입니다.

이처럼 사람이 무의식을 완전히 배제해 재현성과 예측 가능성이 없는 진짜 난수를 만들기는 상당히 어렵습니다.

> 사람이 임의의 난수를 만들려고 하면 무작위로 보이게 하려는 의식에 사로잡혀 결과적으로 무작위가 아니게 됩니다.

19 디지털 문서의 손상을 감지하는 '단방향 해시 함수'

[해시 함수의 구조]

블록체인 기술의 가장 중요한 개념 중 하나로 해시 함수(Hash Function)가 있습니다. 디지털 문서가 조금이라도 손상되면 즉시 감지할 수 있는 특성 덕분에 어떤 디지털 문서를 가리키는 ID로 사용할 수 있습니다.

단방향 해시 함수

블록체인 기술의 가장 중요한 개념 중 하나가 '단방향 해시 함수'입니다. 보통은 '단방향'이라는 용어를 빼고 '해시 함수'나 '해시'라고 합니다. 해시 함수는 암호화 분야의 기본 개념이라고 할 정도로 자주 등장합니다. 그런데 일상의 쉬운 예로 해시 함수의 동작을 설명하기는 어렵습니다. 수학과 암호학의 지식이 있어야 이해할 수 있는 개념이기 때문입니다.

해시 함수는 다른 일반 함수와 마찬가지로 '어떤 입력값을 넣었을 때 항상 같은 값을 반환'한다는 특성이 있습니다. 단, 함수에 임의의 입력값을 넣었을 때 어떤 값을 반환할지 전혀 예상할 수 없다는 차이점이 있습니다.

해시 함수의 '해시'는 임의 데이터를 고정 길이 데이터로 매핑한다는 뜻입니다.

해시 함수는 어떤 구조인가?

해시 함수의 구체적인 예를 살펴보겠습니다. 그림 19-1 은 일반 함수, 그림 19-2 는 해시 함수의 예입니다.

그림 19-1 일반 함수의 예

예) 임의 문자열 여러 개를 단순히 연결해 반환하는 concat 함수. 어떤 값을 출력할지 당연히 예측할 수 있습니다.

concat ("Block","Chain")	→	"BlockChain"
concat ("Clock","Chain")	→	"ClockChain"
concat ("Flock","Chain")	→	"FlockChain"

그림 19-2 해시 함수의 예

예) 임의 문자열 여러 개를 대상으로 해시값 각각을 반환하는 hash 함수.
단어의 맨 앞글자만 변경해도 전혀 다른 값을 출력합니다.

hash ("BlockChain")	→	"3a6fed5fc11392b3ee9f81caf017b48640d7458766a8eb0382899a605b41f2b9"
hash ("ClockChain")	→	"90f1792f8a13bae8ed69628e48f2ad80948a5d0d99a683078cd17aef0cc41d63"
hash ("BlockClock FlockChain")	→	"1fe91df24237be3e0650b2a22e1dc270a1b9149a7538b998ad4b913bff21948c"

그림 19-2 의 해시 함수(hash)는 블록체인 관련 프로젝트에서 가장 인기 있는 SHA2-256 알고리즘을 이용합니다. 해당 그림에서는 특정 문자열을 넣었을 때 어떤 값을 얻는지 예를 들었습니다. 여기서 얻는 값을 해시값이라고 합니다.

해시 함수를 사용하면 1바이트든, 1비트든 입력한 값이 다르면 전혀 관련이 없는 다른 값을 얻습니다. 이때 누가 함수를 실행하든 같은 값을 넣으면 같은 값을 얻습니다. 또한, 그림 19-3 처럼 길이가 다른 문자열을 넣어도 항상 일정한 자릿수의 값을 얻는다는 특징이 있습니다.

그림 19-3 출력값이 항상 다르지만 자릿수는 일정함

hash ("BlockChain")	→	"3a6fed5fc11392b3ee9f81caf017b48640d7458766a8eb0382899a605b41f2b9"
hash ("ClockChain")	→	"211d0bb8cf4f5b5202c2a9b7996e483898644aa24714b1e10edd80a54ba4b560"
hash ("FlockChain")	→	"ff37becd9ab7ac04e75f1aa8eefc1c32dd8eee59470729484f14c91bd76a24ae"

SHA-256 알고리즘을 이용한 해시 함수는 입력값이 1바이트든, 1메가바이트든, 1기가바이트든 출력값은 항상 64자리의 16진수로 고정입니다. 이러한 특성 때문에 원래 텍스트와 같은지 다른지를 바로 알 수 있습니다.

> **█ 원 포인트 텍스트뿐만 아니라 파일에도 적용하는 해시 함수**
>
> 텍스트뿐만 아니라 파일에도 해시 함수를 적용할 수 있습니다. 즉, 어떤 파일을 넣으면 사람의 눈으로는 비교하기 어려운 1바이트의 수정 내용도 놓치지 않고 다른 해시값을 출력합니다. 또한, 해시값이 같다면 해당 정보가 원본과 같고 손상되지 않았다는 것을 모두 보장합니다.

20 해시 함수의 충돌 저항성

해시 함수로 생성된 값은 어떤 데이터에 고정된 값을 생성하므로 자릿수가 일정합니다. 따라서 용량이 큰 파일을 일정한 크기로 줄이거나 용량이 작은 파일을 일정한 크기로 늘리면 반드시 문제가 발생합니다. 가능하면 문제가 발생하지 않도록 알고리즘을 계속 개발하고 발전시키는 중입니다.

해시 함수의 알고리즘 종류

해시 함수는 여러 종류가 있습니다. 그리고 해시 함수의 알고리즘(해시 알고리즘)이 다르면 같은 입력값을 넣어도 서로 다른 출력값을 얻습니다. 자릿수도 각각 다릅니다. 그러나 알고리즘이 같으면 언제나 같은 값을 얻는다는 점은 바뀌지 않습니다.

그림 20-1 1990년부터 현재까지의 대표적인 해시 함수의 알고리즘

연도	해시 함수의 알고리즘 이름	BlockChain이라는 문자열을 입력했을 때의 출력값
1990년	MD4	"9f0c840cdd9c0b24e7e019f09f188b81"
1992년	MD5	"8ddb53d8edaf2e25694a5d8abb852cd1"
1995년	SHA1	"629b0be1c6fd0c2707e21aae036846aa38ecdcb0"
1996년	RIPEMD160	"19dec41edf4d5d79b1e27fc176f1ac16c5a2c3ca"
2001년	SHA2-256	"3a6fed5fc11392b3ee9f81caf017b48640d7458766a8eb0382899a605b41f2b9"
2015년	SHA3-256	"99968a276bc992b1219fa5c7d9df597aa063af2381082087bcb5e6dae17e364e"

여기에 소개한 것은 대표적인 해시 함수의 알고리즘입니다. 이 외에도 다양한 해시 함수의 알고리즘이 있습니다.

최근에 발표된 해시 함수의 알고리즘일수록 자릿수가 증가(=보안 강도가 높음)함을 알 수 있음

█ 원 포인트 알고리즘이란?

알고리즘은 어떤 과제를 해결하는 효율적인 과정을 뜻합니다. 해시 함수의 알고리즘 중 그림 20-1 MD4부터 SHA2-256까지의 알고리즘은 근본적으로 같은 원리를 기반에 두지만, 계산 방법이 다릅니다. SHA3-256은 '스펀지 함수(Sponge Function)'[11]라는 완전히 새로운 원리를 이용합니다.

---

11 옮긴이 입력값을 같은 크기의 출력값으로 변환하는 함수를 뜻합니다.

해시 알고리즘의 충돌 저항성

많은 해시 알고리즘을 새롭게 개발하는 이유는 보안을 더 강화하려는 것입니다. 해시 알고리즘의 보안 강도는 충돌 저항성을 뜻합니다.

해시 알고리즘은 비교 대상 정보와 상관없이 일정한 값을 출력한다는 특징이 있습니다. 그럼 다른 값을 입력하더라도 같은 해시값을 반환하는 상황(충돌)도 발생할 것입니다.

그림 20-2 해시값의 충돌

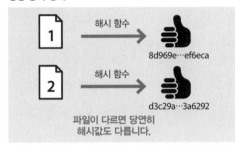
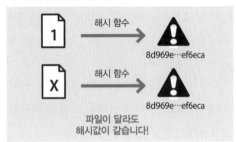

원래 값과 상관없이 일정한 자릿수를 반환하므로 충돌할 가능성이 있음

SHA2-256의 충돌 저항성

어떤 해시 함수를 이용하든 고의로 충돌을 발생시키기는 매우 어렵습니다. SHA2-256을 예로 들면 충돌이 발생할 확률은 $1/2^{256}$입니다. 2020년 9월 기준으로 MD4, MD5, SHA1까지 충돌하는 해시값을 발견했습니다. 그중 SHA1은 2017년 2월, 구글이 첫 번째 충돌 예를 발견할 때까지 22년간 유효했습니다. 구글이 SHA1의 충돌 해시값을 찾는 데 걸린 계산 횟수는 900경 이상이었습니다. 일반 CPU라면 6,500년, GPU를 사용해도 110년 정도 계산해야 할 횟수입니다.

이 때문에 SHA1은 암호학적으로 더는 안전하지 않지만, 실용성을 완전히 잃은 것은 아닙니다. 2009년에 무작위 탐색보다 효율적인 공격법이 발견된 후 SHA2-256으로 전환할 것을 권고해 현재 가장 많이 사용하는 해시 알고리즘은 이미 SHA2-256입니다. 또한 SHA3-256이라는 3세대 SHA(보안 해시 알고리즘)는 2세대 SHA2-256보다 보안 강도가 높을 것으로 기대하는 상황입니다. SHA3을 사용하는 블록체인 구현도 등장하는 중입니다.

21 디지털 문서의 작성자를 증명하는 '전자 서명'

전자 서명은 디지털 문서의 작성자를 증명하는 기술입니다. 앞으로 모든 비즈니스 문서는 전자 서명이 없으면 신뢰하지 않는 시대가 올 것으로 예상됩니다. 그러나 전자 서명만으로는 데이터 바꿔치기나 스푸핑(Spoofing, 속임수) 문제를 근본적으로 막지 못하므로 정말 본인이 직접 해당 암호 키로 서명한 것인지 증명하는 과정이 필요합니다.

전자 서명은 비즈니스에 꼭 필요한 암호 기술

전자 서명은 암호 기술의 정교한 조합으로 구현한 것입니다. '누가 무엇을 했는지'를 증명하는 프레임워크라고도 할 수 있습니다. 보통 인터넷에서 교환하는 문서가 본인이 작성한 것임을 확인하는 데 사용하며, 모든 비즈니스 거래에 유용합니다. 블록체인에 기록한 트랜잭션 정보는 반드시 전자 서명이 있습니다.

전자 서명은 공개 키 암호와 단방향 해시 함숫값의 성질을 이용합니다. 그림 21-1 을 살펴봅니다.

그림 21-1 전자 서명 검증의 기본 구조

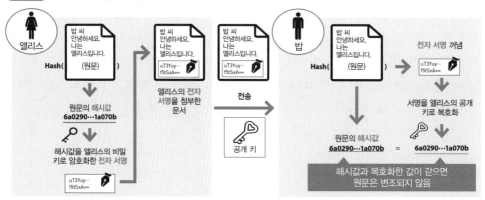

앨리스의 전자 서명을 앨리스의 비밀 키로 복호화해 원문의 해시값과 비교해 같은지 확인함

전자 서명으로 디지털 문서의 유효성 검증

송신자와 수신자 모두 평문의 해시값을 계산하면 문장이 같을 때 해시값도 같습니다. 그리고 공개 키 암호의 공개 키로 암호화한 문서(전자 서명은 문서의 해시값)는 비밀 키로만 복호화할 수 있습니다(레슨 20 참고). 전자 서명은 이 두 가지 특징을 잘 결합한 기술입니다.

따라서 전자 서명은 송신자에게 받은 '(송신자가 만든) 전자 문서', 첨부된 '(디지털 문서의) 전자 서명', '(송신자의) 공개 키' 조합을 이용합니다. 비밀 키가 있는 사람은 송신자가 보낸 전자 문서인지 확인할 수 있습니다.

그림 21-2 전자 서명 검증 패턴

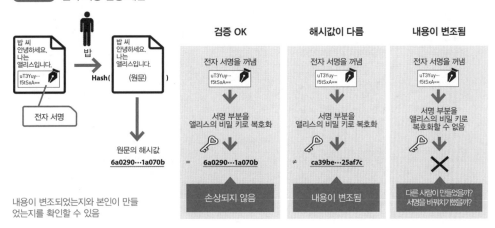

전자 서명이 보장하지 않는 점

전자 서명이 확실한 서명 검증 수단이더라도 검증에 사용한 공개 키가 정말 송신자의 것인지 의심이 들 수 있습니다. 만약 이런 생각이 들었다면 예리한 감을 지닌 분입니다.

공개 키 암호의 키 쌍(공개 키와 비밀 키)은 누구나 자유롭게 만들 수 있습니다. 따라서 전자 서명이 있다는 사실로는 공개 키에 대응하는 비밀 키가 있는 사람이 전자 서명을 했다고는 할 수 있지만, 정말 본인이 전자 서명을 했는지를 증명하지 않습니다.

공개 키를 어떻게 알았는지가 중요함

본인과 거래했는지 확실히 확인하고 싶을 경우, 본인과 직접 만나 받은 공개 키로 문서를 교환하면 쌍을 이루는 비밀 키로 만든 전자 서명은 본인이 한 것이라 확신할 수 있습니다.

이 과정에는 핑거프린트(Fingerprint)[12]를 자주 사용합니다. 공개 키의 해시값에서 사람에게 전달하기 쉬운 핑거프린트 정보를 만든 후 암호화와 복호화에 사용하는 것입니다.

그림 21-3 핑거프린트의 구조

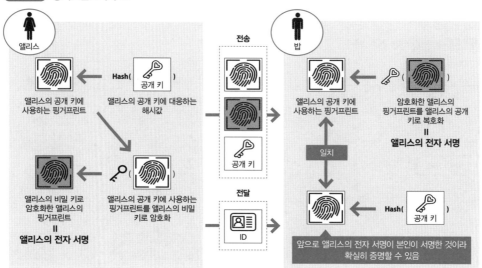

ID는 운전면허증 등의 실제 신분증명서를 직접 상대방에게 보여 주고 본인임을 확인함. 또한, 공개 키의 해시값에서 공개 키에 사용할 핑거프린트를 만든 후 비밀 키로 암호화(=전자 서명)함. 공개 키의 핑거프린트, 암호화한 핑거프린트, 공개 키라는 세 가지를 USB 메모리나 네트워크로 상대방에게 전달하면 앞으로 앨리스의 전자 서명이 본인이 서명한 것이라 증명할 수 있음

새로운 문서를 처음 교환할 때마다 상대방을 직접 만나는 것은 비현실적임

그림 21-3 에서 소개한 방법으로 전자 서명에 사용되는 키 쌍이 상대방의 것인지 확신할 수 있습니다. 그러나 새로운 문서를 처음 교환할 때마다 상대방을 직접 만나는 것은 현실적이지 않습니다. 그렇다면 인터넷 등으로 키를 교환하는 방법을 고려할 수 있을 것입니다. 하지만 이는 매우 어려운 일입니다.

---

12 보통 손가락의 지문이라는 뜻이지만 여기에서는 사용자의 정보를 암호 알고리즘이나 해시 알고리즘으로 바꾼 결과물을 뜻합니다.

핑거프린트를 웹 사이트에 공개하기

키를 쉽게 전달하는 방법의 하나로 자신의 공개 키 해시값에 해당하는 핑거프린트를 본인에게만 접근 권한이 있는 곳에 공개해 두는 것이 있습니다.

본인만 접근 권한이 있는 공간으로는 페이스북이나 트위터의 프로필 항목, 자신이 관리하는 홈페이지 등이 있습니다. 여기에 핑거프린트를 항상 공개해 두면 전자 서명한 문서를 보낸 사람은 공개 키 해시값과 공개해 놓은 핑거프린트를 비교해 일치하는지 검증할 수 있습니다.

하지만 불특정 다수의 사람에게 일일이 핑거프린트 검증을 요구하기는 현실적으로 어렵습니다. 또한, 핑거프린트 검증이 중요한 기술이라도 해당 기술을 강제하는 것은 대중화의 걸림돌이 되기도 합니다.

실제로 상호 간 통신 암호화에 특화되어 핑거프린트 확인을 사용자에게 강제하는 PGP(Pretty Good Privacy)나 GPG(GNU Privacy Guard) 같은 공개 키 암호 기술은 널리 보급되지 못하고 있습니다.

실제 서명 검증에는 '공개 키 기반 구조'를 주로 사용합니다. 이는 레슨 22에서 소개합니다.

▌원 포인트 키 사이닝 파티

직접 만나서 해야 하는 키 교환을 조금이나마 효율적이고 즐겁게 하려는 행사로 '키 사이닝 파티(Key Signing Party, KSP)'가 있습니다. 이름에서 짐작되듯이, 자신의 공개 키를 자신의 비밀 키로 서명한 후 상대방과 교환하는 목적의 행사로, 언뜻 생각하면 이상해 보이는 모임입니다. 리눅스 개발자 이벤트 등으로 세계 각지에서 종종 열린다고 알려져 있습니다. 이외에도 차를 마시려고 모여서 서명도 교환하는 부드러운 모임부터, 효율을 중시해 2열로 정렬한 후 강제로 서명을 교환하는 행사까지 다양한 사례가 있습니다.

전자 서명이 진짜임을 증명하는 '전자 인증서'

본인의 전자 서명인지 확실하게 증명할 때는 레슨 21처럼 일대일로 증명하는 방법 이외에 신뢰할 수 있는 제삼자에게 증명을 맡겨 효율을 높일 수 있습니다. 이는 인증 기관(Certification Authority, CA)을 거치는 방법으로 발전했습니다.

인증 기관의 역할

인증 기관은 공개 키 암호의 공개 키 소유자를 사람이나 조직에 연결해 관리하는 구조입니다. 보통 누구나 신뢰할 수 있다고 생각하는 곳에서 운영합니다.

인증 기관은 전자 서명이 본인의 것임을 증명하고 싶은 사람의 공개 키를 보관한 후 이를 이용해 본인인지 확인합니다. 이때 본인 확인의 유효성을 관리하고자 '전자 인증서(Electronic Certificate)'를 발급합니다. 보통 'https://'로 시작하는 웹 사이트의 SSL/TSL에 적용해 사용자가 본인의 전자 서명임을 확인할 때 이용합니다.

인증 기관을 운영하는 곳은 민간 기업이나 정부, 지방 자치 단체 등이 있습니다. 민간 인증 기관으로는 시만텍(Symantec)의 베리사인(VeriSign)이나 GMO의 글로벌 사인(GMO Global Sign), 지오트러스트(GeoTrust), 코모도(COMODO) 등이 유명합니다.

민간 기업이나 행정 기관 등은 인증 기관을 운영하면서 법인의 등기부 등본 등을 받거나 개인 여권 또는 면허증을 신청받습니다. 또한, 인증 기관과 인증 수준에 따라 본인 주소로 우편을 보내거나 전화 확인 등을 추가해 전자 인증서와 함께 본인임을 증명합니다.

공개 키 기반 구조와 행정 공개 키 기반 구조

인증 기관이 본인임을 확인해 전자 인증서를 발급하고 유효성을 관리하는 구조를 '공개 키 기반 구조(Public Key Infrastructure, PKI)'라고 합니다. 또한, 공개 키 기반 구조 중 정부 등의 행정 기관이 운영하는 것은 특별히 '행정 공개 키 기반 구조(Government Public Key Infrastructure, GPKI)'라고 구분합니다.

그림 22-1 인증 기관이 발급하는 전자 인증서

전자 인증서의 주체

등장 인물:

전자 인증서를
발급하는
인증 기관

인증 기관(CA)

인증 기관에
본인 정보를
등록하려는
사람

A 씨

전자 인증서를 이용하려면 등록하려는
사람의 본인 확인이 필요함

그림 22-2 전자 인증서 발급 과정

① A 씨가 본인 확인 서류와 함께 자신의 공개 키를 인증 기관에 제출

② 인증 기관은 A 씨가 우편으로 보낸 본인 확인 서류를 받은 후 심사 내용에 문제가 없으면 'A 씨의 공개 키, A 씨 본인의 속성 정보, 유효 기간' 등을 포함해 인증서를 만듦

③ ②에서 만든 인증서를 인증 기관의 비밀 키로 암호화해 A 씨의 전자 인증서로 발행 및 전달

② 접수 및 심사 후 인증서 생성

자신의 공개 키

본인 확인 서류

① 제출

CA

A 씨

③ 전자 인증서 발행

A 씨의 공개 키

A 씨 본인의 속성 정보

유효 기간

A 씨의 전자 인증서

자신의 공개 키와 본인 확인 서류를 시만텍 등의 인증 기관에 제출하면 인증 기관은 전자 인증서를 발급함

전자 인증서의 X.509 표준 서식

지금까지 전자 인증서가 무엇인지 설명했습니다. 그런데 인증 기관마다 완전히 다른 형식의 전자 인증서를 사용할 경우 인증을 자동으로 처리할 수 없습니다.

따라서 국제 전기통신 연합 전기통신 표준화 부문(International Telecommunication Union Telecommunication Standardization Sector, ITU-T)이라는 기관에서 표준 서식을 만들었습니다. 이를 'X.509'라고 합니다. 그림 22-3 에서 X.509에 포함된 10가지 항목이 무엇인지 소개합니다.

이 10가지 항목이 갖춰져 있으면 전자 문서가 변경되지 않았음을 증명할 수 있고, 동시에 누가 문서를 만들었는지 자동으로 확인해 인증할 수 있습니다.

그림 22-3 X.509 호환 전자 인증서에 포함된 항목

	항목	내용
1	버전	X.509 규격의 버전 번호
2	일련 번호	인증 기관이 발급한 인증서에 붙는 고유 번호
3	전자 서명 알고리즘	인증서에 사용하는 해시 함수와 공개 키 서명 알고리즘
4	발행인 정보	인증서를 발급하는 인증 기관의 고유 이름
5	검증 유효 기간	인증서가 유효한 시작 날짜와 종료 날짜
6	인증자 정보	본인 혹은 조직 이름 등
7	공개 키 암호화 알고리즘	인증자에게 제공하는 암호화 알고리즘과 비트 길이
8	공개 키	인증자 공개 키
9	확장 정보	키 사용법, 인증서 폐기 목록 입수 방법, 운영 정책 참조 등
10	인증서 서명	앞 내용에 관한 전자 서명

이렇게 10가지 항목이 갖춰져 있으면 전자 인증서로 사용할 수 있음

> X.509 호환 전자 인증서가 복잡해 보일 수 있지만, 지금까지 이 책을 꼼꼼하게 읽었다면 인증서에 포함된 각 항목이 왜 필요한지 이해할 수 있을 것입니다.

'공개 키 기반 구조'를 배제하는 블록체인

비트코인과 이더리움 등의 퍼블릭 블록체인은 P2P 네트워크에서 무신뢰(Trustless) 분산 합의 알고리즘을 구현한 것입니다. 따라서 특정 사람이 네트워크를 중지시킬 수 없고, 개인의 자유도 제한할 수 없다는 혁명적인 특징을 지지하는 아나키스트가 꽤 있습니다.

이런 사람들은 공개 키 기반 구조가 중앙화 권위의 상징이며, 블록체인 세계의 질서를 어지럽힌다고 여깁니다. 즉, 전자 인증 방식 등을 추가한 네트워크를 블록체인이라고 해서는 안 된다고 생각합니다.

블록체인 커뮤니티에서는 공개 키 기반 구조 같은 중앙화 성격의 암호 기술을 다루어서는 안 된다는 의견이 있습니다.

무신뢰는 블록체인의 필수 요건이 아님

저자는 '무신뢰'라는 특징이 작업 증명(Proof of Work)이나 지분 증명(Proof of Stake) 같은 퍼블릭 블록체인의 합의 형성 알고리즘을 사용할 때만 중요하다고 생각합니다. 무신뢰는 블록체인 에코 시스템의 필수 요건은 아니라는 것이지요.

비즈니스의 성격에 따라 무신뢰가 필요할 때 선택할 블록체인 기술 기반이 있고, 유신뢰 (Trusted)가 필요할 때 선택할 블록체인 기술 기반이 있습니다. 무신뢰와 유신뢰일 때 선택하는 기술 기반은 서로 다릅니다. 특히, 본인 확인이 필요한 유신뢰 환경의 거래를 원하는 네트워크라면 공개 키 기반 구조는 합리적이고 효과적인 대안일 것입니다.

비즈니스 성격에 따라 유신뢰인지 무신뢰인지 정한 후 적절한 합의 알고리즘을 선택하는 것이 합리적인 블록체인 구축 방법이라고 생각합니다.

23 디지털 문서 생성 시간을 증명하는 '타임스탬프'

타임스탬프는 암호 기술이 아닙니다. 그러나 전자 서명에서 시간을 근거로 디지털 문서의 존재를 증명하는 데는 필수입니다. 블록체인을 지원하는 기술로서도 중요합니다.

타임스탬프

타임스탬프는 파일을 새로 만들거나 내용을 변경했을 때 운영체제가 자동으로 부여하는 시각입니다. 협정 세계시(UTC) 1970년 1월 1일 0시 0분 0초를 기준으로 관리합니다.

어째서 1970년부터 시작할까요? 이는 컴퓨터가 발명된 시기와 그 당시의 메모리 용량이 적었다는 사실을 고려했기 때문입니다. 그 당시 컴퓨팅 자원으로도 시각 기록에 무리가 없다는 기준에서 비교적 최근 날짜를 선택한 것입니다. 이후에 만든 컴퓨터의 시각 관리는 대부분 1970년을 기준으로 합니다.

단, 전 세계의 컴퓨터 각각은 독립적으로 동작하므로 시각도 독립적으로 관리합니다. 게다가 관리 또한 느슨한 편이므로 컴퓨터마다 최소 몇 초 정도 시각 차이가 존재할 가능성이 높습니다. 네트워크에 연결된 컴퓨터의 시각을 맞추려는 네트워크 타임 프로토콜(Network Time Protocol, NTP)이 있지만, 네트워크 지연 등의 이유로 노드 각각의 타임스탬프를 엄격하게 맞추기가 의외로 어렵습니다.

이런 상황에서 여러분은 데이터 생성 시각을 증명하는 것에 어떤 의미가 있는지 생각해 봐야 합니다.

분산 네트워크 환경에서는 노드 각각의 타임스탬프가 갖는 정확성에 의지해야 합니다. 그런데 이 환경에서의 시각 증명이 의미가 있을까요?

블록체인은 분산 타임스탬프

타임스탬프는 파일의 작성·변경 시각처럼 컴퓨터별 운영체제가 자동으로 부여하는 것과 전자 서명으로 시각 증명을 보장하는 것이 있습니다. 밀리세컨드(ms) 이내로 오차를 관리하는 원자 시계 시각을 적용한 시각 인증(Time Stamp Authority, TSA) 기관의 타임스탬프도 있습니다.

블록체인에서 사용하는 타임스탬프 기술은 '분산 타임스탬프' 기술의 하나입니다. 개별 트랜잭션에 포함된 타임스탬프의 정밀도는 낮지만, 여러 트랜잭션의 타임스탬프를 '블록' 단위로 비교한 후 비슷한 시각의 타임스탬프를 선택하는 방법을 사용하면, 신뢰할 수 있는 정밀도와 정확성을 보장할 수 있다는 특징이 있습니다.

그림 23-1 분산 타임스탬프의 구조

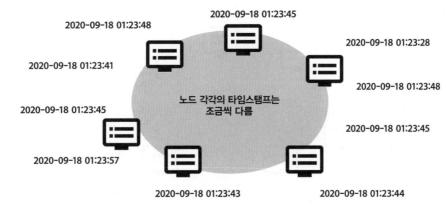

2020-09-18 01:23:45

2020-09-18 01:23:48

2020-09-18 01:23:28

2020-09-18 01:23:41

2020-09-18 01:23:48

노드 각각의 타임스탬프는
조금씩 다름

2020-09-18 01:23:45

2020-09-18 01:23:45

2020-09-18 01:23:57

2020-09-18 01:23:43

2020-09-18 01:23:44

네트워크의 노드 각각이 관리하는 시계는 믿을 수 없음

> 정확한 시간을 요구하는 환경에서는 노드 각각의 타임스탬프에 의존하지 않고 시각 인증 기관의 타임스탬프 사용을 고려하면 좋습니다.

많은 데이터를 모아 최대한 정확한 시각 산출

분산 타임스탬프를 좀 더 알기 쉽게 설명하겠습니다. 여러분의 시계는 아마 원자시계와 비교하면 100% 정확하지는 않고 몇 초 지연될 수 있습니다. 하지만 일정 기간 안에 모인 수백 또는 수천 개 데이터에 있는 타임스탬프의 평균을 내면 정확한 시각에 가까울 것입니다. 이것이 분산 타임스탬프의 기본 개념입니다. 사실 완벽함을 보장하지 않는 것입니다.

그래도 여러 개의 타임스탬프와 해시값이 있는 트랜잭션이 블록에 포함된다면 변조하기 어렵습니다. 또한 정확한 시각은 아니더라도 비슷한 시각 여러 개가 기록되었다면, 타임스탬프는 해당 데이터의 생성 시점을 알리는 증거가 됩니다.

그림 23-2 극단적으로 차이가 나는 시각을 제외한 노드 각각의 타임스탬프 평균값

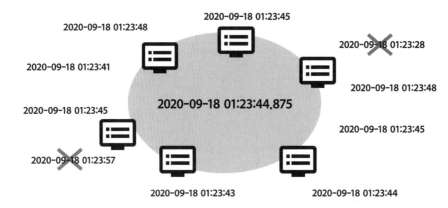

여러 데이터의 타임스탬프가 비슷한 시각을 가리킨다면 시각이 정확히 일치하지 않더라도 데이터의 생성 시점을 유추할 수 있음

> 여러 노드의 평균값으로 비교적 정확한 타임스탬프를 얻으려면 극단적으로 차이가 나는 시각은 제외하고서 평균값을 계산하는 것이 좋습니다.

블록체인을 이해하는 데 필요한 암호 관련 지식

지금까지 소개한 '해시, 전자 서명, 공개 키 기반 구조, 타임스탬프'는 블록체인의 특징을 이해하는 데 필요한 암호 관련 기초 지식입니다. 이러한 기술의 조합으로 탄생한 블록체인의 특징을 그림 23-3 에 정리했습니다.

그림 23-3 블록체인의 기반이 되는 기초 지식

항목	기능	특징
해시값	임의 문자열을 해시 함수에 넣었을 때 반환하는 예측할 수 없는 값	문서의 변조를 감지할 수 있음
전자 서명	디지털 문서의 작성자를 증명	문서의 작성자가 누구인지 알 수 있음
공개 키 기반 구조(PKI)	본인의 전자 서명을 제삼자인 기관이 인증하는 방법	문서 작성자가 본인임을 증명할 수 있음
전자 서명 + 공개 키 기반 구조	-	문서 작성자가 누구인지 알 수 있고, 본인임을 증명할 수 있음
타임스탬프	디지털 문서 작성 시각을 증명하는 기술	문서 작성 시각을 증명
타임스탬프 + 전자 서명	-	문서 작성자가 누구인지 알 수 있고 어느 시각에 작성되었는지 증명
타임스탬프 + 전자 서명 + 공개 키 기반 구조	-	문서 작성자가 누구인지 알 수 있고, 본인임과 어느 시각에 작성되었는지 증명
타임스탬프 + 전자 서명 + 공개 키 기반 구조 + 해시	-	문서 작성자가 누구인지 알 수 있고 본인임과 어느 시각에 작성되었는지 증명할 수 있으며, 변조할 수 없음(변조를 바로 감지할 수 있음)
타임스탬프 + 전자 서명 + 공개 키 기반 구조 + 해시 + 블록	-	문서 작성자가 누구인지 알 수 있고 본인임과 어느 시각에 작성되었는지 증명할 수 있으며, 변조할 수 없고, 문서의 존재를 부정할 수 없음

블록체인의 무엇이 대단한 점이고, 왜 중요한지 이해하면 좋겠습니다.

Chapter 3

24 미래의 블록체인에 필요한 새로운 암호 기술

이 장에서는 현재의 블록체인 기술을 이해하는 데 필요한 기초 지식을 소개했습니다. 이번에는 비즈니스 현장에서의 필요성이 특히 높고, 향후 블록체인을 구현할 때 꼭 필요한 암호 관련 기술 몇 가지를 소개합니다.

링 서명

2001년에 발표한 <How to Leak a secret>[13]이라는 논문 내용 중 '링 서명(Ring Signature)'이라는 익명 서명 기술이 소개되었습니다. 논문에서는 '신원을 밝히지 않고 내부 고발할 때 최적인 기술'이라고 설명합니다. 서명자가 그룹의 구성원 중 한 명임을 증명할 수는 있지만, 누가 서명했는지는 알 수 없다는 특징이 있습니다.

예를 들어, 무기명 투표처럼 유권자임을 증명하면서 누구에게 투표했는지는 알 수 없도록 만든다는 요구 사항을 충족하는 데 적합합니다.

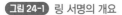 링 서명의 개요

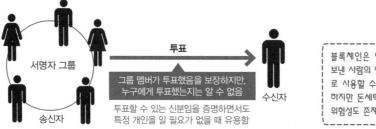

복호화하지 않고 연산 및 검색하는 방법

암호화한 데이터를 복호화하지 않고 각종 데이터 연산에 사용할 수 있다면 "정말 암호화한 데이터가 맞아?"라고 깜짝 놀랄지도 모릅니다. 이러한 데이터 연산을 '은닉(Concealment) 연산'이라고 합니다. 금융 거래 등의 '영업 비밀(Trade Secret)'을 보호하는 기술로 기대를 받고 있어 연구 개발 경쟁도 정말 활발합니다.

---

13 https://people.csail.mit.edu/rivest/pubs/RST01.pdf

블록체인에서는 <u>이니그마(Enigma)</u>[14]라는 프로젝트가 있습니다. '완전 동형 암호(Fully Homomorphic Encryption)'[15]라는 기술을 이용해 거래 데이터를 암호화한 상태로 연산하는 스마트 계약(자세한 내용은 레슨 47 참고)을 구현합니다. 계약을 자동 이행시키는 야심 찬 프로젝트입니다.

Chapter 3

세계 최초로 연구 중인 은닉 연산 및 검색 분야

일본의 은닉 연산 분야 연구는 세계에서도 주목하고 있습니다. 여러 기업 및 연구 기관에서 신규 개발과 성능 향상에 주력하는 중입니다.

그림 24-2 일본의 은닉 연산 및 검색 기술의 연구 이력

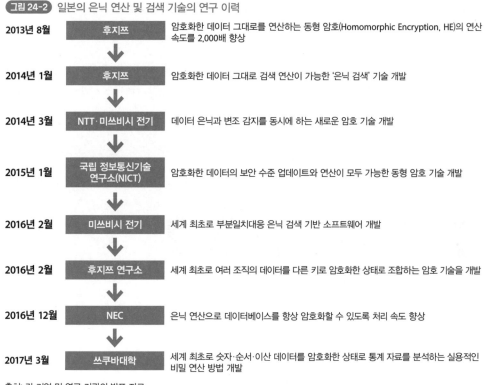

2013년 8월	후지쯔	암호화한 데이터 그대로를 연산하는 동형 암호(Homomorphic Encryption, HE)의 연산 속도를 2,000배 향상
2014년 1월	후지쯔	암호화한 데이터 그대로 검색 연산이 가능한 '은닉 검색' 기술 개발
2014년 3월	NTT·미쓰비시 전기	데이터 은닉과 변조 감지를 동시에 하는 새로운 암호 기술 개발
2015년 1월	국립 정보통신기술 연구소(NICT)	암호화한 데이터의 보안 수준 업데이트와 연산이 모두 가능한 동형 암호 기술 개발
2016년 2월	미쓰비시 전기	세계 최초로 부분일치대응 은닉 검색 기반 소프트웨어 개발
2016년 2월	후지쯔 연구소	세계 최초로 여러 조직의 데이터를 다른 키로 암호화한 상태로 조합하는 암호 기술을 개발
2016년 12월	NEC	은닉 연산으로 데이터베이스를 항상 암호화할 수 있도록 처리 속도 향상
2017년 3월	쓰쿠바대학	세계 최초로 숫자·순서·이산 데이터를 암호화한 상태로 통계 자료를 분석하는 실용적인 비밀 연산 방법 개발

출처: 각 기업 및 연구 기관의 발표 자료

---

14 **옮긴이** 수수께끼라는 의미입니다. https://enigma.co/
15 **옮긴이** 임의 연산을 무한히 할 수 있는 암호를 뜻합니다.

양방향 통신 없이 개인을 인증하는 '슈노르 서명'

현재 전자 서명에는 디지털 서명 알고리즘(Digital Signature Algorithm, DSA)이나 타원 곡선 디지털 서명 알고리즘 등을 주로 사용합니다. 그 외의 여러 전자 서명 방식 중 최근 주목받기 시작한 것으로 '슈노르 서명(Schnorr Signature)'이 있습니다.

예를 들면, 어떤 사람이 여러 주소에 있는 암호화폐를 모아서 보낼 때 한 번의 서명만 하는 것입니다. 저장 공간을 약 25% 정도 효율적으로 쓴다고 알려져 있습니다. 비즈니스 현장에 필요한 많은 문제를 해결할 수 있을 것이라 기대하는 중입니다.

스마트폰을 이용한 오프라인 송금

송신자는 먼저 슈노르 서명 알고리즘을 적용해 연산한 결과를 거래 데이터에 포함합니다. 그리고 이 거래 데이터를 QR 코드 등으로 상대방에게 제시합니다. 그럼 수신자는 네트워크에 송신자의 개인 인증을 요청하거나 다시 데이터를 전송할 필요 없이 거래 데이터를 검증할 수 있습니다.

그림 24-3 송금의 오프라인화

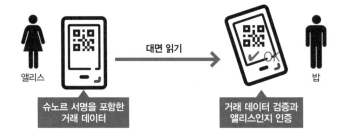

앨리스

대면 읽기

밥

슈노르 서명을 포함한 거래 데이터

거래 데이터 검증과 앨리스인지 인증

슈노르 서명을 사용하면 인터넷 연결 없이 QR 코드와 NFC, 블루투스 등으로 상호 간에 송금할 수 있음

많은 서명을 하나로 통합하는 간단 전자 서명

슈노르 서명은 수많은 전자 서명 방식 중 원리가 가장 간단합니다. 단, 여러 서명을 하나로 합하는 특징이 있습니다. 따라서 여러 사람의 서명이 필요한 다중 서명 방식을 이용하는 거래에 커다란 장점을 가졌으며, 거래 데이터의 용량을 줄이기도 합니다. 따라서 비트코인 등에서 종종 문제로 지적되는 확장성 문제의 해결 방법으로 주목하는 중입니다.

슈노르 서명은 블록체인뿐만 아니라 매우 다양한 비즈니스 현장에 활용할 수 있을 것입니다.

양자 컴퓨터도 해독할 수 없는 암호 기술들

양자 컴퓨터가 실용화되면 기존 암호 체계가 무너지지 않을까 우려하는 사람도 있습니다. 예를 들어, 블록체인에서는 타원 곡선 디지털 서명 알고리즘 같은 공개 키 암호를 기반에 둔 지갑 기술과 이를 이용하는 거래 서명 부분에 문제가 발생할까 우려하는 것입니다.

물론, 기존 암호 체계의 약점을 극복하는 '양자 후 암호(Post Quantum Cryptography)' 기술의 연구 개발이 진행 중입니다. 은닉 계산 분야에서 이용하는 격자 기반 암호(Lattice Based Cryptography)나 양자 컴퓨터라도 해독하기 어렵다는 해시를 전자 서명에 응용한 램포트 서명(Lamport Signature) 등이 이에 해당합니다.

아직까지 양자 후 암호는 데이터 연산에 많은 시간이 소요되고, 공개 키나 전자 서명의 데이터 용량이 크다는 점에서 사용하기 어렵습니다. 실용화까지는 좀 더 시간이 걸릴 것입니다.

양자 컴퓨터와 양자 후 암호 기술의 개발 경쟁은 다람쥐 쳇바퀴 돌기 같은 면도 있습니다!

▌원 포인트 암호 기술의 실용화 기간

이번 레슨 24에서 소개한 모든 암호 기술은 "정말 실현 가능한 기술일까?"라고 생각할 정도로 마법 같은 효과를 냅니다. 덕분에 전 세계적으로 암호 기술을 발전시키려는 노력이 지속되고 있습니다. 블록체인은 여러 가지 암호 기술을 조합해 원하는 결과를 얻는 것입니다. 단, 일반적인 서비스와 다른 점은 몇 년 혹은 수십 년에 걸쳐 오랜 기간 연구한 기술을 사용한다는 것입니다.

수십 년 동안 이론만 있던 기술이 최근에야 컴퓨터의 연산 능력에 힘입어 실험이 가능해졌습니다. 앞으로 몇 년 동안 시행착오를 거치고, 약점을 찾아 극복해야 더 좋은 암호 기술을 상용화할 수 있습니다. 이처럼 암호 기술은 긴 연구가 필요한 개발 분야입니다.

Column

누구나 양자 컴퓨터를 사용하는 시대의 블록체인

'양자 컴퓨터가 상용화되었을 때 블록체인의 안전성은 어떻게 되는가?' 이는 블록체인의 미래를 두고 자주 하는 질문입니다. 최근 미국의 IBM과 구글, 캐나다의 D-Wave에서 양자 컴퓨터 개발 성과를 연이어 발표했습니다. 그런데 전문가의 평가에 따르면 D-Wave의 양자 컴퓨터는 알고리즘 동작 원리에 '양자 어닐링'이라는 양자 역학이 사용될 뿐, 양자 게이트 회로를 하드웨어화한 장비가 아니라고 합니다. 구글의 양자 컴퓨터 관련 발표 역시 긍정적으로 바라보아도 아직 제한된 연산에서만 성능을 발휘할 뿐입니다.

진정한 양자 컴퓨터라면 소인수 분해나 이산 대수 문제를 순식간에 해결할 수 있어야 합니다. 그렇지 않으면 앞 문제를 기존의 컴퓨터보다 효율적으로 푸는 알고리즘을 발견했다고 말하지 않아야 합니다. 실제로, 일본의 국립정보통신기술연구소(NICT)에서 밝히기로는 도쿄대학 등의 연구소에서 양자 게이트 회로를 사용한 실험을 했는데, 아직은 두 자리나 세 자리 수준의 소인수 분해가 가능한 수준이라고 합니다. 이 정도의 소인수 분해 계산은 사람이 계산하는 것이 빠릅니다.

공개 키 암호를 해독하는 수준의 양자 컴퓨터는 앞으로 20년 이상 지나야 등장할 것으로 보입니다. 이마저도 연구소의 주장이므로 실제 상용화까지는 더 오랜 시간이 걸릴 것입니다. 따라서 실제 연구 단계에서 진짜 양자 컴퓨터가 등장했다는 뉴스가 나왔을 때 기존 암호 체계의 대안을 생각해도 괜찮다는 주장에 일리가 있습니다. 물론, 언젠가는 진정한 양자 컴퓨터가 등장할 것으로 생각합니다.

단, 대안은 나중에 생각하더라도 어떤 상황이 벌어질 것인지는 지금부터 생각해 봐도 좋습니다. 양자 컴퓨터가 등장했을 때 가장 먼저 위험에 노출되는 것은 소인수 분해나 이산 대수 문제를 해결하기 어렵다는 점에 의존하는 공개 키 암호 시스템입니다. 암호 키를 교환해 전자 서명하는 기술의 안전성을 보장하지 못하기 때문입니다. 블록체인이라면 거래 검증의 신뢰성에 문제가 생깁니다.

한편, 양자 컴퓨터가 등장하더라도 대칭 키 암호나 해시 알고리즘 연산을 최적화할 가능성은 낮은 편입니다. 키 길이를 좀 더 늘려야 할 필요는 있지만, 근본적인 데이터 변조 가능성은 낮기 때문입니다. 블록체인이라면 해시 체인 구조의 변조 가능성과 작업 증명 기반 비잔티움 장애 허용 기반 합의 알고리즘의 안전성이 낮아지지는 않는다고 생각하면 됩니다.

미국 국립표준기술연구소(NIST)에서는 2017년 11월 30일까지 양자 후 암호 기술을 적용한 공개 키 암호, 전자 서명, 키 교환 알고리즘을 공모했습니다.[16] 2020년 9월 기준 두 번째 공개 심사가 진행 중이며 심사가 끝나면 정식으로 양자 후 암호 표준을 정할 예정입니다.

---

16 http://csrc.nist.gov/groups/ST/post-quantum-crypto/

CHAPTER

4

블록체인을
지원하는
분산 시스템

이 장에서는 P2P 분산 네트워크 시스템의 특징과 네트워크에 참여하는 여러 노드 사이에 합의를 형성하는 방법을 알아봅니다. 구체적으로 작업 증명(Proof of Work)과 지분 증명(Proof of Stake) 알고리즘을 살펴볼 것입니다.

25 P2P 분산 시스템

많은 컴퓨터가 함께 동작하는 시스템을 분산 시스템이라고 합니다. 블록체인도 분산 시스템 중의 하나입니다. 여기서는 분산 시스템을 구성하는 다양한 네트워크의 유형과 그 특징을 소개합니다.

P2P 방식의 분산 네트워크

2개 이상의 노드(네트워크에 연결된 컴퓨터)가 서로 일대일로 연결되어 통신하는 방법을 P2P(Peer to Peer) 방식이라고 합니다. P2P 방식으로 연결된 노드가 많이 모이면 P2P 방식으로 연결된 상태의 P2P 분산 네트워크가 형성됩니다.

그림 25-1 P2P 연결과 P2P 네트워크

P2P 방식(일대일 연결)

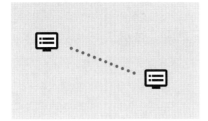

P2P 방식으로 연결된 노드가 많이 모인 네트워크

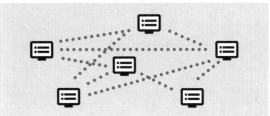

일대일로 연결된 노드 다수가 모인 상태를 P2P 네트워크라고 함

> **그림 25-1** 같은 네트워크 구성을 '메시(그물) 네트워크(Mesh Network)'라고 합니다. 특히, 모든 노드가 연결된 상태를 '완전 메시 네트워크(Full Mesh Network)'라고 구분합니다.

P2P 분산 네트워크의 특징

P2P 분산 네트워크에 참여하는 노드는 원칙적으로 같은 역할을 수행합니다. 즉, 일부 노드만 특별한 역할을 부여할 수 없으므로 단일 장애점(Single Point Of Failure, SPOF)이 없습니다. 일부

노드가 고장 나 정지하더라도 전체 네트워크에 영향을 주는 일이 적고, 규모가 커질수록 복원력이 뛰어나다는 특징도 있습니다. 예를 들어, 비트코인 네트워크는 전 세계 기준으로 약 7,500개의 노드가 함께 동작하며, 처음 동작한 후 한 번도 시스템이 중단되지 않은 상태로 블록체인을 관리하는 중입니다.

블록체인은 P2P 분산 네트워크상의 분산 시스템

블록체인 네트워크는 참여하는 모든 노드가 같은 데이터를 유지합니다. 모두가 같은 데이터를 유지하는지 확인·검증하는 데 사용하는 기술은 레슨 19에서 살펴본 해시 함수입니다.

노드가 처음 블록체인 네트워크에 참여할 때는 다른 노드에 있는 블록체인 데이터의 해시 함숫값을 비교하면서 블록 하나하나를 신중하게 복사해야 합니다. 따라서 네트워크 참여에 오랜 시간이 걸립니다. 하지만 복사를 마치면 네트워크 노드의 하나가 되어 불특정 다수의 이용자가 발행하는 거래 데이터를 받아 기록을 남길 수 있습니다.

그림 25-2 P2P 분산 네트워크의 각 노드에 블록체인 유지

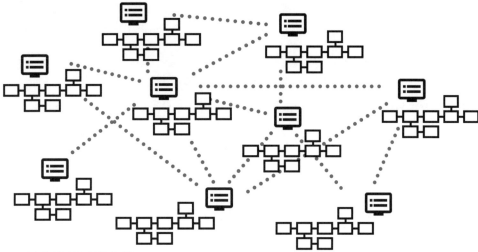

노드 각각이 같은 블록체인을 유지함

> 모든 노드가 블록체인에 같은 데이터를 유지하므로 중복성이 높다는 특징이 있습니다. 이는 장점이지만 장기적으로는 단점이기도 합니다.

26 P2P 분산 네트워크의 안전성과 신뢰성

P2P 방식의 분산 네트워크는 문제가 있어도 중단되지 않는 제로 다운타임(Zero Downtime) 구현에 필요한 기능이 있습니다. 단, 숙명적인 단점도 있습니다. 이러한 장단점은 블록체인에도 적용됩니다.

어떤 문제가 있어도 중단되지 않는 안전한 네트워크

P2P 방식을 선택하는 가장 큰 이유는 사고 등으로 전체 시스템이 멈출 위험이 매우 낮기 때문입니다. 이는 장기간 안정적인 운영을 유지하기에 좋습니다.

시스템에 참여하는 모든 노드(컴퓨터)는 원칙적으로 평등합니다. 특별히 중요한 역할을 맡는 노드가 없습니다. 즉, '시스템 전체 관점에서 어떤 노드도 특별히 중요하지 않다'고 말할 수 있습니다. 또한, 우연히 어느 노드가 고장이 나더라도 전체 시스템 동작에 거의 영향을 주지 않습니다.

P2P에서 노드 각각을 연결하는 통신 경로는 그물망처럼 여러 개입니다. 그래서 어느 한 곳의 통신 경로가 끊어지더라도 시스템 전체 기능에 영향이 거의 없습니다. 어떤 통신 경로를 사용할 수 없으면 '우회 경로로 메시지를 전달하라'고 다른 노드에 전해 문제를 해결합니다. 물론, 여러 개의 노드가 동시에 고장이 나거나 여러 통신 경로가 동시에 끊어지는 일이 발생할 수도 있으므로, 노드 수가 너무 적은 P2P 분산 시스템은 위험성이 다소 높아질 것입니다. 이때는 단순히 노드 수를 늘리는 것만으로도 그만큼 안전하고 신뢰 가능한 시스템을 구축할 수 있습니다.

그림 26-1 안전한 네트워크

몇 개 노드가 고장 나거나 중단되어도 전체 네트워크가 멈추지는 않음

P2P 방식의 단점

P2P 방식은 '멈추지 않고 계속 작업하는 시스템을 만든다'는 부분만 강화한 구조입니다. P2P 에서 여러 개의 노드를 사용하는 이유는 어떤 노드가 고장 나도 같은 기능이 있는 다른 노드 로 대응할 수 있기 때문입니다. 인공지능(AI)이나 과학 계산 클러스터링처럼 '노드를 늘리면 늘 릴수록 성능이 향상'되는 시스템을 구축하는 데는 적합합니다. 반대로, 노드가 많을수록 '버킷 릴레이(Bucket Relay)'[17] 양이 많아지므로 전체 성능은 나빠집니다.

또한, 일부 노드가 고장 나도 전체 시스템이 문제없이 동작하는 P2P의 장점은 악의적인 목적 이 있는 노드가 마음대로 참여하더라도 전체 시스템이 그대로 동작한다는 위험성도 있습니다.

멈추지 않고 계속 작업하는 시스템이라는 장점은 문제가 발생해도 시스템을 쉽게 중지시킬 수 없 다는 단점이 되기도 합니다. 즉, 악의적인 데이터가 P2P 분산 시스템 안에 퍼졌다면 해당 데이 터를 제거하기 어려우므로 사고가 발생할 확률이 높아집니다. 이 때문에 시스템의 안전성을 높이고자 승인받은 노드 이외에는 시스템에 참여하지 않는 등의 제한을 두는 시스템도 있습 니다.

그림 26-2 승인받은 노드만 참여하는 네트워크의 P2P 분산 시스템 구조

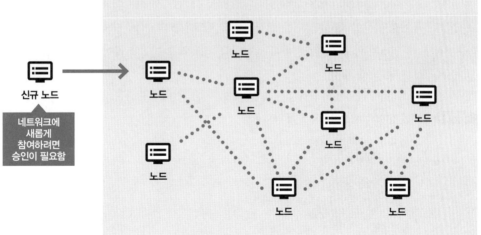

분산 시스템의 약점을 보완하려고 신규 노드 참여에 별도의 승인 과정을 두는 네트워크도 있음

---

17 **옮긴이** 화재 등이 발생했을 때 여러 사람이 한 줄로 서서 양동이를 전달해 불을 끄는 일에서 유래했습니다. 여러 노드에서 데이터를 계속 전달하는 상황을 뜻합니다.

[블록체인이 할 수 없는 것]

27 CAP 정리로 살펴보는 블록체인

P2P 방식과 분산 시스템을 이해했다면 블록체인으로 구현하기 어려운 점이 무엇인지 예상할 수도 있을 것입니다. 여기서는 블록체인에 적합하지 않은 특성을 제대로 이해하여 블록체인의 단점을 보완할 방법이 있는지 생각해 봅니다.

인터넷 서비스에서 보장해야 할 세 가지 특성

인터넷으로 서비스를 제공할 때 서비스 제공자의 입장에서 보장해야 할 세 가지 특성이 있습니다.

첫 번째는 일관성(Consistency)입니다. 사용자가 서비스에 접속했을 때 항상 최신 정보를 제공하는 상황을 보장하는 것입니다.

두 번째는 가용성(Availability)입니다. 서비스에 문제가 생기지 않음(멈추지 않음)을 보장하는 것입니다.

세 번째는 분할 내성(Partition Tolerance)입니다. 분산 시스템에서 서비스를 운용한다면 네트워크 연결이 끊어져서는 안 됩니다. 이를 보장하려고 네트워크의 어느 지점과 연결이 끊어지더라도 서비스가 멈추지 않도록 시스템을 구축합니다. 네트워크 연결이 끊어지지 않음을 보장하는 것과는 다름에 주의하세요.

그림 27-1 인터넷 서비스에서 보장해야 할 세 가지 특성

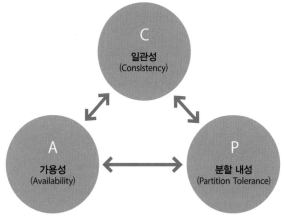

인터넷 서비스에서 보장해야 할 특성은 일관성, 가용성, 분할 내성임

CAP 정리에 따른 블록체인의 특성

여기서는 CAP 정리를 소개하고, 그에 따른 블록체인 특성이 무엇인지 살펴보겠습니다.

CAP 정리는 서비스 제공자가 보장해야 할 세 가지 특성(일관성, 가용성, 분할 내성)을 동시에 충족할 수 없다는 것입니다. '무엇이든 보장하는 시스템은 존재하지 않는다', '어느 한쪽을 충족하면 다른 쪽을 충족할 수 없다'는 등의 일반론에 빗댈 수 있습니다. CAP라는 명칭은 일관성, 가용성, 분할 내성을 뜻하는 영어 단어의 앞 글자를 딴 것입니다.

블록체인은 가용성과 분할 내성을 보장하고, 일관성을 조금 희생합니다. 가용성(A)과 분할 내성(P)을 우선 보장하므로 'AP 타입' 또는 'AP 시스템' 등으로 말할 수 있습니다.

그림 27-2 CAP 정리의 다양한 적용 예

| 관계형 데이터베이스 | P2P 방식 블록체인 | 일관된 해싱(Consistent Hashing) 타입 스토리지 |

관계형 데이터베이스는 분할 내성, P2P 방식 블록체인은 일관성, 일관된 해싱 타입 스토리지는 가용성을 희생함

■ 원 포인트 **좀 더 자세하게 살펴보는 CAP 정리**

CAP 정리는 캘리포니아 버클리대학의 에릭 브루어 교수가 가설로 제시했고, 2002년 세스 길버트와 낸시 린치가 논리적으로 증명했습니다. 제대로 증명했으므로 가설에서 '정리'가 되었습니다. 보통 일관성과 가용성 사이에 어느 쪽을 선택할지 정하는 상황이 많습니다.

네트워크 엔지니어와 서비스 제공자들은 이전부터 무엇이든 보장하는 시스템은 존재하지 않는다는 사실을 경험으로 이해했습니다. 가장 간단한 예로, '서버 한 대로 모든 작업을 하는 상황'을 생각해 봅시다. 일관성은 보장되지만 가용성은 희생됩니다. 서버에 문제가 발생하면 어떤 작업이든 중단되기 때문입니다.

그럼 '서버 두 대로 데이터를 백업하면서 운용하는 시스템'을 구축하면 어떨까요? 서버 한 대가 고장 나더라도 서비스를 제공할 수 있으므로 가용성이 높아집니다. 그러나 데이터를 복사할 때 반드시 지연 현상이 생기므로 일관성이 낮아집니다.

블록체인이 실현하는 가용성과 분할 내성

블록체인의 장점은 가용성과 분할 내성을 보장하는 것입니다. 블록체인은 여러 개 노드로 정보를 다중화한 분산 시스템입니다. 이는 기본적으로 '가용성'을 보장하는 구조입니다.

또한, 블록체인은 노드 각각이 P2P 방식으로 통신하므로 네트워크의 연결이 조금 끊어져도 전체 서비스는 멈추지 않습니다. '옮겨 말하기(Chinese Whispers)[18]를 반복해 네트워크의 끝까지 메시지를 전달할 수 있다면 블록체인은 계속 실행됩니다. 블록체인은 '멈추지 않는 서비스'라는 특징을 최대로 살리는 시스템입니다.

그림 27-3 네트워크 연결을 끊으려는 공격 예

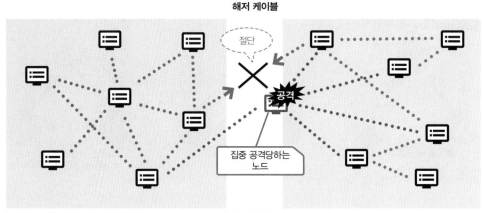

공격자는 모든 약점을 이용해 시스템을 고장 내려고 하지만, 네트워크의 규모가 커지면 고장 내기 어려워짐

> **그림 27-3** 에서는 노드 수가 적어 네트워크의 약점을 발견하기 쉽지만, 실제 네트워크는 몇천 대의 노드에서 더 복잡한 메시지를 주고받기 때문에 네트워크 연결을 끊는 등의 공격을 시도하기 어렵습니다.

---

18 **옮긴이** 여러 명의 어린이가 특정한 말이나 단어를 계속 전해 마지막 사람이 무엇을 뜻하는지 맞히는 놀이입니다. 어린이는 각자 생각하는 바가 자유로우므로 재밌는 상황이 많이 발생합니다.

블록체인의 일관성이 약한 이유

블록체인은 가용성과 분할 내성이 강하지만 일관성은 약한 편입니다. 예를 들어, 비트코인은 전 세계에 7,500개 이상의 노드가 서로 통신하면서 동작합니다. 이 네트워크에 어떤 데이터를 기록하면, 모든 노드에 데이터가 반영될 때까지 당연히 어느 정도의 시간이 소요됩니다.

블록체인은 '데이터 기록 서버' 같은 별도의 역할을 부여한 노드가 없습니다. 어떤 노드에 데이터를 기록해도 괜찮습니다. 그러나 서로 떨어진 곳에 있는 두 노드에 서로 다른 데이터가 거의 동시에 기록되면, 데이터 기록 순서가 바뀔 수도 있습니다. 네트워크의 노드 위치에 따라 '옮겨 말하기'의 도달 속도가 다르기 때문입니다. 선착순 티켓 구매 등 순서가 중요한 거래라면 블록체인은 적합하지 않은 셈입니다.

> 반대로 해외 송금이나 입금 등 약간의 대기 시간이 있더라도 절대 잘못되지 않아야 하는 업무에는 블록체인이 매우 적합합니다.

블록체인의 '일관성 약점' 보완하기

블록체인은 원칙적으로 모든 노드가 같은 역할을 수행합니다. 어떤 노드에 데이터를 기록해도 상관없고, 모든 노드에서 데이터를 읽어도 괜찮습니다. 기록한 데이터는 '옮겨 말하기'를 반복하면서 최종적으로 모든 노드에 복사됩니다. 때문에 노드 위치에 따라 기록한 데이터가 반영되는 시점에 차이가 있습니다. 반대로 생각하면, 일정 시간 후에는 모든 노드에 데이터가 기록되므로 블록체인의 일관성이 보장된다고 볼 수도 있습니다.

블록체인은 핀테크(Fintech, Finance(금융)+Technology(기술))의 대표 사례로 생각하는 사람이 많지만, 모든 비즈니스에 블록체인을 적용할 수 있는 것은 아닙니다. 신용카드나 교통 IC 카드를 이용한 결제 등 즉시 승인을 보장해야 하는 비즈니스에는 블록체인이 적합하지 않습니다(절대 사용할 수 없는 것은 아니지만 보완책이 있어야 합니다).

28 컨텐트 주소의 구조 이해하기

블록체인의 데이터 스토리지 기술도 P2P 분산 기술을 응용합니다. 여기서는 P2P 분산형 데이터 스토리지의 특징인 컨텐트 주소(Content Address)라는 파일 관리 방법의 개념을 알아봅니다. 그리고 이를 사용하기 적합한 분야가 어디인지 생각해 봅니다.

블록체인은 특별한 데이터 스토리지 중 하나

'P2P 분산 데이터 스토리지'는 무언가 어려운 느낌을 주지만, 용어 그대로 P2P를 이용해 여러 컴퓨터에 데이터를 저장하는 공간을 뜻합니다.

블록체인은 특별한 P2P 분산 데이터 스토리지 중 하나입니다. 그러나 블록체인에는 원칙적으로 트랜잭션이라는 거래 데이터만 기록할 뿐입니다. 통상적인 방법으로는 이미지 파일이나 워드(Word) 파일 그대로를 블록체인에 기록할 수 없습니다.

설령, 거래 데이터 이외의 것을 블록체인에 기록할 수 있더라도 이 작업을 권하지 않습니다. 블록체인에 기록된 데이터는 내용을 수정하거나 삭제할 수 없기 때문입니다.

그림 28-1 블록체인에는 거래 데이터만 기록 가능

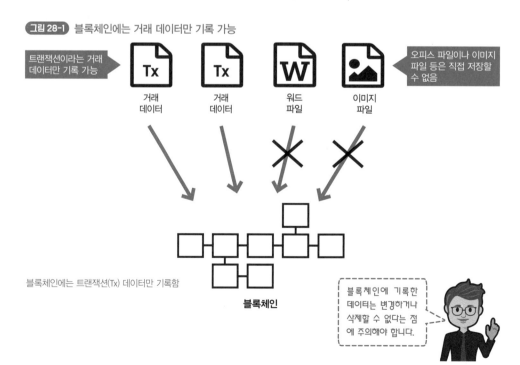

파일의 해시값과 실제 파일을 연결하는 컨텐트 주소

P2P 분산 데이터 스토리지에 데이터를 저장할 때는 여러 데이터 중 기록해야 할 파일만 어떻게 구분할지에 관한 문제를 해결해야 합니다. 전 세계에 분산된 노드에 자유롭게 데이터를 기록할 수 있더라도 파일 이름을 마음대로 붙이면 <u>데이터의 일관성을 유지할 수 없기 때문</u>입니다.

이를 해결하려고 전 세계에 같은 파일 이름이 있는지 확인한 후 파일을 저장하는 방법을 생각할 수 있습니다. 하지만 P2P 분산 기술은 실시간 일관성을 보장하지 않으므로 우연히 같은 시점에 같은 파일 이름을 붙여 저장하는 사고가 발생할 수 있습니다.

이때 레슨 19에서 소개한 <u>단방향 해시 함수</u>를 사용해 저장할 파일의 해시값을 생성한 후 그대로를 '주소'로 사용합니다. 이렇게 하면 다른 파일의 주소와 겹칠 일이 없다는 장점이 있습니다. 이를 '컨텐트 주소'라고 합니다. 컨텐트 주소는 레슨 57에서 더 자세히 설명합니다.

그림 28-2 실제 파일은 P2P 분산 데이터 스토리지에 저장하고, 파일의 해시값은 블록체인에 저장

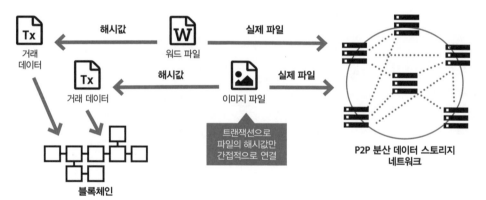

해시값을 주소로 사용해 파일을 구별함

변조되면 곤란한 데이터 저장에 적합

P2P 분산 데이터 스토리지의 예로는 블록체인 등장 이전에 유행했던 'P2P 파일 공유 소프트웨어'가 있습니다('당나귀'라는 프로그램이 유명했습니다). 익명성이 높다는 특징(그래서 불법으로 인식하는 사람도 있음)이 있습니다. 즉, P2P 기술의 본질은 블록체인과 비슷합니다.

일단 P2P 분산 데이터 스토리지에 저장된 데이터는 내용을 수정하거나 삭제할 수 없습니다. 정말 불편한 부분이지만 불편함을 장점으로 바꾸면 또 유용하다고 볼 수 있습니다. 예를 들어, 내용 변조를 꼭 막아야 하는 계약서나 이력서 등을 P2P 분산 데이터 스토리지에 저장하면 굉장히 유용할 것입니다.

[블록체인의 분기]

29 블록체인은 모든 노드가 같은 연산 수행

블록체인 네트워크를 형성하는 노드의 역할 중 합의 형성이 있습니다. 이는 분산 컴퓨팅의 연산으로 수행합니다. 여기서는 합의 형성에 필요한 연산 방법과 노드의 연산 결과가 다를 때 어떻게 대응하는지 살펴보겠습니다.

블록체인의 분산 컴퓨팅

'분산 컴퓨팅(Distributed Computing)'은 여러 대의 컴퓨터가 역할을 나눠 동시에 연산을 수행해 고속 처리를 구현하는 기술입니다. 따라서 '어떤 작업을 할당하거나 관리'하는 역할의 노드가 필요합니다. 이때 역할을 할당한 노드 중 하나가 고장 나면 다른 노드가 대신 해당 역할을 수행하는 등의 상황이 발생해 원하는 정보를 얻지 못할 수도 있습니다.

그러나 블록체인의 분산 컴퓨팅은 상황이 조금 다릅니다. 블록체인에서는 모든 노드가 같은 연산을 수행합니다. 그럼 결과도 모두 같아야 하는데, 이를 누구도 보장하지 않습니다(만약 결과를 보장한다면 모두 같은 연산을 수행할 필요가 없습니다). 그래서 각 노드의 연산이 끝나면 모든 노드의 연산 결과가 확실히 같은지 확인(합의)해야 합니다.

블록체인에서는 모든 노드가 같은 연산을 수행한 후 결과가 정말 같은지 확인해야 합니다.

분산된 노드의 연산 결과가 다르다면 어떤 일이 발생하는가?

블록체인의 분산 컴퓨팅은 모든 노드가 같은 연산을 수행한 결과가 다르면 합의를 할 수 없어 블록체인이 나눠집니다. 이때 노드 각각은 옳다고 생각하는 결과에 따라 블록을 연결하는데, 블록의 높이(길이)에 차이가 발생하면 더 높은 블록이 있는 체인을 선택해 결과적으로 합의를 형성합니다.

그런데 앞의 과정을 거친 연산 결과 등의 데이터가 블록체인 네트워크 전체에 퍼지려면 상당히 오랜 시간이 걸립니다. 그래서 현실적으로 블록체인의 분산 컴퓨팅은 속도가 느립니다.

이러한 단점에도 블록체인이 합의 형성 구조를 사용하는 이유는 가용성과 부정행위 방지를 그 무엇보다 중시하기 때문입니다.

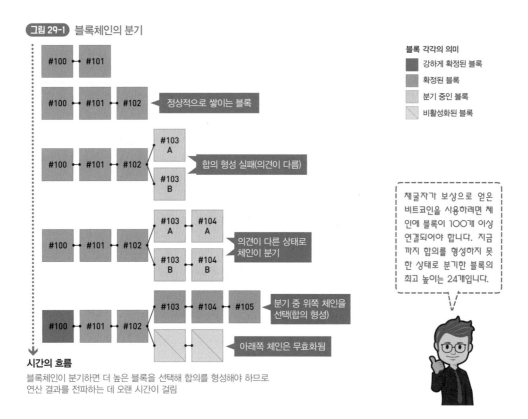

그림 29-1 블록체인의 분기

블록 각각의 의미
- 강하게 확정된 블록
- 확정된 블록
- 분기 중인 블록
- 비활성화된 블록

정상적으로 쌓이는 블록

합의 형성 실패(의견이 다름)

의견이 다른 상태로 체인이 분기

분기 중 위쪽 체인을 선택(합의 형성)

아래쪽 체인은 무효화됨

채굴자가 보상으로 얻은 비트코인을 사용하려면 체인에 블록이 100개 이상 연결되어야 합니다. 지금까지 합의를 형성하지 못한 상태로 분기한 블록의 최고 높이는 24개입니다.

시간의 흐름
블록체인이 분기하면 더 높은 블록을 선택해 합의를 형성해야 하므로
연산 결과를 전파하는 데 오랜 시간이 걸림

[합의 형성 구조]

30 분산 시스템에서 '합의'를 형성하는 방법

분산 시스템은 보통 참여자의 모수를 미리 아는 프라이빗 환경이라면 다수결에 따라 합의를 형성합니다. 여기서는 불특정 다수의 참여가 인정(모수를 미리 알 수 없음)되는 퍼블릭 환경의 합의 형성을 어떻게 구현하는지 설명합니다.

합의 형성의 기본은 다수결

블록체인의 분산 시스템은 노드 각각이 어떤 방법으로 '통일된 결론'에 합의합니다. 그리고 모든 노드는 합의 내용을 기록합니다. 그렇다면 이 '합의 형성'이 무엇인지 이해할 필요가 있습니다. 도대체 합의 형성은 무엇일까요?

지금까지 여러 번 언급했듯이 블록체인은 원칙적으로 모든 노드가 같은 작업(트랜잭션 처리와 연산 처리)을 합니다. 따라서 보통은 언제든지 만장일치로 같은 결과가 나올 것입니다. 실제로 모든 노드가 같은 결과를 냈을 때는 아무 문제가 없습니다. '모든 노드가 합의했다'고 당당히 말할 수 있습니다.

문제는 일부 노드의 작업 결과가 다를 때입니다. 이럴 때는 다수결에 따라 특정 작업 결과를 선택합니다. 실제로 단순히 다수결에 따라 합의를 형성하는 블록체인도 많습니다. 그러나 다수결에 따라 작업 결과를 선택하기 어려울 때도 있을 것입니다. 지금부터 이런 상황은 무엇이고 어떤 해결 방법을 선택하는지 소개하겠습니다.

모수가 정해지지 않은 분산 시스템의 합의 형성은 단순한 다수결에 따라 정할 수 없습니다.

Chapter 4

퍼블릭 체인은 다수결에 따라 합의를 형성할 수 없음

가장 유명한 블록체인의 하나인 비트코인은 전 세계 누구나 언제든지 자유롭게 노드로 참여할 수 있습니다. 이러한 블록체인을 <u>퍼블릭 체인</u> 혹은 <u>퍼블릭 블록체인</u>이라고 합니다. 그런데 퍼블릭 체인은 보통 다수결에 따른 합의 형성이 어렵습니다.

'다수결'은 구체적으로 전체 참여자의 절반 이상이 선택한 의견을 전체 의견으로 정하는 것입니다. 이때 절반 이상인지 판단하려면 '전체 참여자의 수'를 알아야 합니다. 그런데 <u>퍼블릭 체인은 현재 네트워크에 참여한 모든 노드의 수를 정확하게 파악할 수 없습니다.</u>

그림 30-1 퍼블릭 체인은 다수결에 따라 합의를 형성할 수 없음

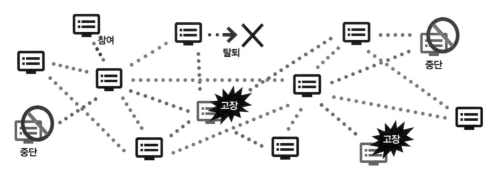

참여·탈퇴·고장·중단이 언제 어디서 일어날지 모르므로 다수결에 필요한 전체 노드 수를 파악할 수 없음

▮ 원 포인트   **비잔티움 장애 허용**

비잔티움 제국(6세기 이후의 동로마 제국)의 군대가 적의 거점을 포위하는 상황을 생각해 봅시다. 이때 제국에 여러 명의 장군이 있고, 그들의 합의에 따라 작전이 결정되며, '전군 공격'과 '전군 철수'의 두 가지 작전만 선택할 수 있다고 가정하겠습니다.

그럼 장군들이 다수결로 작전을 정하면 좋을 것입니다. 그러나 장군 중에 반역자가 절반이 넘으면 일부러 실패할 작전을 선택할 가능성이 있습니다. 혹은 소수의 반역자가 어떤 장군에게는 '전군 공격에 투표'할 것으로 전달하고, 다른 장군에게는 '전군 철수에 투표'할 것으로 전달해 혼란을 줄 수도 있습니다. 그럼 다수결로 전군 공격이 결정되었다고 착각한 일부 장군만 공격을 시작해 치명적인 패배를 당할 수 있습니다. 이와 같은 상황에서 다수결로 올바른 의견을 합의할 수 있는 충직한 장군의 수가 몇 명인지 파악하는 것을 '비잔티움 장군 문제'라고 합니다.

'비잔티움 장애 허용(Byzantine Fault Tolerance)'은 방금 설명한 비잔티움 장군 문제에 대처하는 시스템을 만드는 연구입니다. 본질적으로 블록체인의 합의 형성 개념은 비잔티움 장군 문제의 해결 방법과 같습니다.

리더가 필요한 합의 형성

전체 참여자 수를 아는 프라이빗 체인이라면 리더를 정한 후 그 의견에 따라 합의를 형성하는 것이 합리적입니다. 블록체인이 등장하기 전의 중앙화 시스템에서는 올바르다고 여겨지는 여러 결과 중 하나를 선택해야 할 때 '합의' 대신 관리자의 판단으로 결정했습니다.

분산 시스템에서는 리더가 선택할 결과를 먼저 제안한 후, 해당 제안을 선택할지 다수결에 따르는 형태로 합의 형성을 합니다.

그림 30-2 리더가 필요한 합의 형성

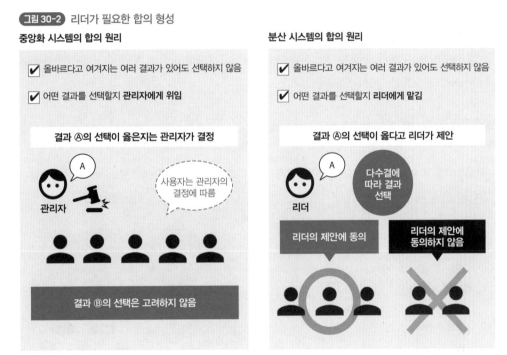

중앙화 시스템은 어떤 결과를 선택할지가 관리자의 판단에 달렸지만, 분산 시스템은 리더의 제안에 동의할지를 다수결로 결정함

다수결로 합의를 형성하려면 반드시 전체 참여자의 수를 알아야 합니다.

리더가 필요 없는 합의 형성

전체 참여자 수를 알 수 없는 퍼블릭 체인은 다수결로 합의를 형성하기 어려우므로 다른 방법을 생각해야 합니다. 블록체인의 등장 전에는 불특정 다수의 사용자가 자신의 의견대로 움직이고 싶더라도 적절한 평가 지표를 찾지 못하면 전체가 합의할 방법이 없었습니다.

그러나 블록체인이 등장하면서 상황이 180도 달라졌습니다. 전체가 합의할 방법이 생긴 것입니다. 이때 중요한 키워드는 경제적 보상입니다. 예를 들어, 비트코인 네트워크라면 비트코인을 얻는 것이 경제적 보상입니다.

즉, 올바른 선택을 한 사람은 경제적 보상을 행사할 권리를 얻을 수 있고, 그렇지 않으면 권리를 얻지 못하는 구조가 등장한 것입니다. 이것이 작업 증명(Proof of Work)과 지분 증명(Proof of Stake)이라는 합의 형성 알고리즘입니다.

그림 30-3 리더가 필요 없는 합의 형성

블록체인의 등장 이전

☑ 올바르다고 여겨지는 여러 결과가 있어도 선택하지 않음

☑ 어떤 결과를 선택할지 **사용자에게 맡김**

결과 Ⓐ 선택

선택하더라도 올바른 선택인지 반신반의함

확신이 없음. 선택할 수 없음

결과 Ⓑ 선택

합의 시스템으로 성립하지 않음

블록체인의 합의 원리

☑ 올바르다고 여겨지는 여러 결과가 있어도 선택하지 않음

☑ 어떤 결과를 선택할지 **사용자에게 맡김**

경제적 보상

간단한 규칙

결과 Ⓐ 선택

올바른 선택을 한 사람이라면 경제적 보상을 행사할 권리를 얻음

결과 Ⓑ 선택

잘못된 선택을 한 사람이라면 경제적 보상을 행사할 권리를 얻을 수 없음(낭비)

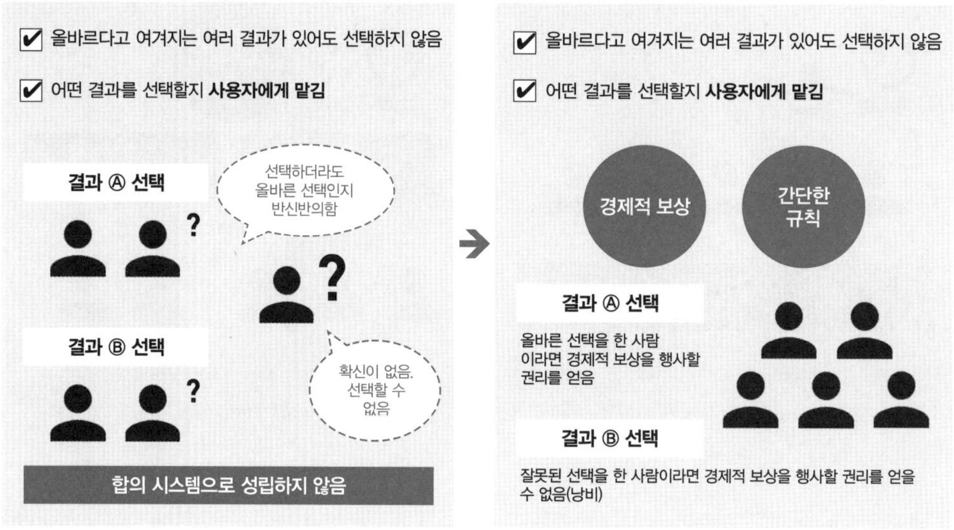

합의를 형성할 때 경제적 보상이 있으므로 올바르게 선택할 수 있음

블록체인 등장의 최대 의의는 분산 합의 형성에 경제적 보상을 부여했다는 것입니다.

31 블록체인의 합의 형성 방법인 작업 증명과 지분 증명

블록체인 등장의 최대 의의는 분산 합의 형성에 경제적 보장 개념을 부여해 불특정 다수의 참여자(전체 참여자 수에 영향받지 않음)가 실제로 합의를 형성할 수 있는 상황이 만들어졌다는 것입니다. 이때 사용자에게 보상을 실제로 지급하려고 만든 개념이 암호화폐입니다.

비잔티움 장애 허용을 합의 형성에 적용

레슨 30의 '원 포인트'에서 다룬 비잔티움 장애 허용을 합의 형성에 적용해 보겠습니다. 비잔티움 제국은 9개 부대가 적의 성을 함락시키려고 포위망을 구성했습니다. 여러분은 그중 1개 부대의 장군인데, 비잔티움 제국에 원한이 있습니다. 그리고 지금은 적의 성을 함락시키려고 9개 부대 모두가 전군 공격을 할지, 아니면 함락을 포기하고 전군 철수할지를 합의해야 하는 상황입니다. 이때 각 부대의 장군이 낸 의견이 공격 4, 철수 4로 팽팽하다면 여러분은 어떤 행동을 취해 비잔티움 제국을 배신할 수 있을까요?

배신자가 있을지도 모르는 환경의 합의 형성

해당 상황에서 정상적인 합의를 형성하고자 퍼블릭 체인 시스템이 선택한 전략은 '올바른 결정을 한 사람이 결과적으로 경제적 이익을 얻는다'는 간단한 것입니다. 이것이 비잔티움 장애 허용(Byzantine Fault Tolerance, BFT) 알고리즘입니다. 비트코인은 실제 이러한 원리로 합의를 잘 형성해 나가는 중입니다. 특히 비트코인의 '작업 증명(Proof of Work)'이라는 알고리즘은 창시자의 이름을 따 '나카모토 합의'라고도 합니다.

앞으로 작업 증명과 지분 증명이라는 두 가지 비잔티움 장애 허용 알고리즘을 소개합니다.

불특정 다수의 합의 형성을 구현하는 '작업 증명'

작업 증명(Proof of Work)은 불특정 다수 참여자의 합의를 형성하는 구조(레슨 41 참고)입니다. 노드는 트랜잭션 풀에 쌓이는 트랜잭션 데이터를 수십, 수백 개 꺼내면서 이전 블록의 해시값과 타임 스탬프를 블록에 포함합니다. 또한, '논스(Nonce)'[19]라는 적당한 수를 넣으면서 해당 블록 해시값 앞에 특정 자릿수만큼 0이 있을 때까지 계속 연산합니다.

겉보기에는 무의미할 것 같은 <u>논스 발견 경쟁이 작업 증명의 핵심입니다. 특정 자릿수만큼 0이 있는 논스를 순조롭게 찾은 노드는 암호화폐의 신규 발행을 인정받습니다.</u> 이는 마치 광산에서 금을 캐는 것과 비슷해서 '채굴'이라고 합니다.

그림 31-1 작업 증명(채굴)의 기본 개념

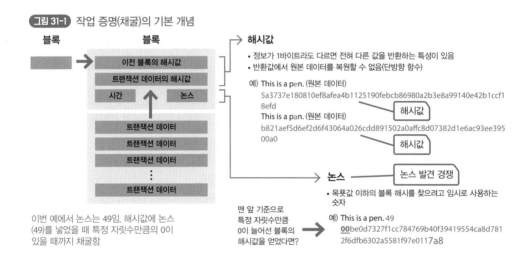

이번 예에서 논스는 49임. 해시값에 논스(49)를 넣었을 때 특정 자릿수만큼의 0이 있을 때까지 채굴함

O이 2개 있는 정도라면 사람도 직접 논스를 찾을 수 있지만, O의 개수가 많으면 컴퓨터를 사용하더라도 논스를 찾기 어렵습니다. 2020년 9월 기준 16진수로 환산하면 약 19개의 0이 있는 논스를 찾아야 합니다.[19]

---

19 **옮긴이** 목푯값 이하의 블록 해시를 찾으려고 임시로 사용하는 숫자입니다.
20 **옮긴이** https://www.blockchain.com/btc/blocks?page=1

작업 증명의 문제를 해결한 '지분 증명'

작업 증명은 대량의 컴퓨팅 자원을 운용하는데, 많은 전력이 필요하므로 친환경적이지 않습니다. 이 문제를 해결하려고 고안한 분산 합의 형성 알고리즘이 **지분 증명(Proof of Stake)**입니다. 지분 증명 역시 경제적 보상을 판단 기준으로 삼아 불특정 다수의 참여자를 허용하는 합의 형성 알고리즘입니다.

지분 증명을 구현할 때는 몇 가지 알고리즘을 사용할 수 있습니다. 기본 개념은 `그림 31-2`와 같습니다.

`그림 31-2` 지분 증명의 기본 개념

코인 에이지 (Coin age)	=	화폐 보유량	×	화폐 보유 기간

지분 증명은 채굴할 때 코인 에이지를 설정해야 함. 화폐 보유량과 보유 기간을 곱한 값이 클수록 채굴 난이도가 낮음

지분 증명의 보상 방식

지분 증명 방식을 적용한 암호화폐 시스템은 `그림 31-2`에서 설명한 **코인 에이지 설정값이 클수록 채굴 난이도가 낮습니다.** 따라서 작업 증명 방식을 적용한 블록체인보다 에너지 소비량이 적고 짧은 시간에 채굴을 완료하는 특징이 있습니다.

채굴에 성공했을 때 얻는 보상(새로 발행되는 암호화폐)은 코인 에이지 설정값에 비례합니다. 비트코인처럼 채굴 성공 시 일정액의 새로운 암호화폐가 발행되는 것이 아닙니다. 단, 이러한 방식은 화폐 보유량이 많을수록 보상도 크므로 부익부 빈익빈 구조가 되기 쉽습니다. 따라서 최근에 새로 등장하는 지분 증명 방식의 암호화폐 구현(예: 피어코인(Peercoin))은 코인 에이지 설정값을 계산할 때 몇 가지 요소를 추가합니다. 예를 들어, 암호화폐를 활발하게 유통할수록 코인 에이지 계산에 높은 계수를 곱하는 등의 방법이 있습니다.

> 비교적 최근에 등장한 퍼블릭 블록체인은 작업 증명보다 지분 증명 방식의 합의 형성 알고리즘을 더 많이 적용하는 편입니다.

다수결로 합의 형성 vs. 불특정 다수의 참여자를 고려한 합의 형성

프라이빗 체인의 합의 형성은 네트워크에 참여하는 노드 수를 파악해 합의 형성을 제안할 리더를 뽑습니다. 퍼블릭 체인의 합의 형성은 참여, 휴식, 탈퇴 등의 활동을 자유롭게 선택하는 불특정 다수의 참여자에게 맡깁니다. 그럼, 어느 방식이 더 좋은지 알아보겠습니다.

퍼블릭이나 프라이빗 체인 이외에 위임 권한에 따른 퍼미션드(Permissioned) 체인 등도 있습니다. 다만, 이렇게 분류하기 시작하면 복잡하므로 합의 형성은 퍼블릭과 프라이빗 체인 중심으로 살펴봅니다.

무신뢰 합의 형성이 필요하면 퍼블릭 체인 선택

불특정 다수의 참여자를 대상으로 비잔티움 장군 문제를 해결한다는 점이 퍼블릭 체인을 선택하는 가장 큰 이유입니다. 블록이 서서히 쌓이면서 신뢰도가 높아진다는 장점이 있는 합의 형성 구조입니다. 대신, 합의 형성 속도가 느리다는 단점이 있습니다.

공공성이나 진정성을 증명하는 용도로 블록체인을 활용한다면, 누구나 사용할 수 있다는 투명성을 갖춘 퍼블릭 체인을 선택해야 사용자의 신뢰를 얻을 것입니다.

합의 형성의 속도가 중요하면 프라이빗 체인 선택

빠른 합의 형성 속도, 완결성, 일관성이 중요하면 프라이빗 체인을 선택하는 편이 좋습니다. 단, 기존 관계형 데이터베이스 사용과 비교해 어느 쪽이 좋을지 충분히 고려한 후 선택해야 합니다.

프라이빗 체인은 합의 형성을 판단할 리더를 결정해야 하고, 다수의 의견을 모을 필요가 있습니다. 그래서 합의 형성에 참여하는 노드 수를 수십 대 정도로 제한해야 성능을 유지할 수 있습니다. 그 결과, 퍼블릭 체인처럼 수천 대 규모로 네트워크를 확장하기 어렵습니다. 블록체인의 특징 중 하나인 제로 다운타임 성능이 다소 낮아지는 것입니다.

결국 어떤 타입의 체인을 선택하든 장단점이 있습니다. 비즈니스 상황에 따라 적절한 블록체인을 선택하기 바랍니다.

[작업 증명의 합의 방식]

32 블록이 분기했을 때의 해결 방법

분산 시스템은 꼭 만장일치로 합의되는 것이 아닙니다. 합의 형성이 실패하면 블록체인은 분기가 발생하며, 합의 형성이 성공하려면 분기한 블록체인 중 하나를 선택해야 합니다. 여기서는 분기한 블록체인이 합의를 형성하는 방법을 설명합니다.

Chapter 4

작업 증명은 정말 제대로 동작하는가?

작업 증명은 겉보기에 정상적인 합의가 맞는지 의심스러울 때도 있습니다. 그렇다면 어떻게 합의를 형성할 수 있을까요?

작업 증명에서 어떠한 조건을 만족하는 문자열이 포함된 해시값을 찾을 수 있을지는 운에 좌우될 때가 많습니다. 예를 들어, 비트코인의 블록체인은 조건에 맞는 해시값을 평균 10분 정도에 찾도록 설계했습니다. 따라서 의도와는 다르게 2개 이상의 노드가 거의 동시에 해시값을 찾는 상황이 자주 발생합니다. 이때 블록체인은 여러 개의 처리 결과를 동시에 기록해 마치 평행 세계가 존재하는 것 같은 상태가 됩니다. 즉, 블록체인에 분기(포크)가 발생한 상황입니다.

> 2개 이상의 노드가 동시에 조건에 맞는 해시값을 발견하면 어떻게든 이 문제를 해결해야 합니다.

분기가 발생했을 때의 합의 형성

합의 형성이 실패하면 블록체인이 분기합니다. 이때 노드 각각은 자신의 연산 결과에 따라 옳다고 판단하는 결과로 블록을 늘립니다. 이때 블록체인 시스템은 블록 높이가 큰 체인을 올바른 결과로 판단해 선택합니다. 선택받은 체인은 경제적 보상을 주지만, 선택받지 못한 체인은 경제적 보상을 주지 않습니다(비활성화).

그림 32-1 분기한 블록체인의 합의 형성

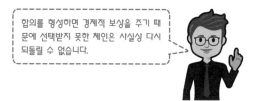

합의를 형성하면 경제적 보상을 주기 때문에 선택받지 못한 체인은 사실상 다시 되돌릴 수 없습니다.

블록체인의 소프트 포크와 하드 포크의 차이

블록체인의 분기(포크)는 대부분 서로 다른 채굴자가 동시에 블록을 발견했을 때 발생하는 일시적인 현상으로, 블록체인을 운용하다 보면 비교적 자주 발생합니다. 이러한 분기는 몇 개의 블록이 생성되는 동안 블록 높이가 큰 체인을 선택하는 방식으로 자연스럽게 합의 형성합니다. 일반 사용자는 이러한 분기를 신경 쓸 필요가 거의 없습니다. 하지만 블록체인 시스템의 사양을 변경해서 분기가 발생한다면, 기존 사양에 포함되지 않은 블록과도 트랜잭션이 발생해야 하므로 상황에 따라 일반 사용자에게도 영향을 끼칩니다.

일반적인 사양 변경이라면 '신호 효과(Signaling)'[21]라는 기술로 채굴자의 95%가 사양 변경 준비를 완료하면 일정 기간을 두고 자연스레 새로운 사양을 적용(소프트 포크)합니다. 그러나 아무리 중요하다고 생각되는 사양 변경이라도 합의하지 못하면 하드 포크 방법을 선택해야 하는 상황도 있습니다.

실제로 2017년 8월 비트코인의 일부 사양을 조정하는 소프트 포크와 서로 호환하지 않는 독자적인 사양으로 분기한 하드 포크가 동시에 진행되었습니다. 이는 2년 전부터 비트코인 커뮤니티에서 있었던 블록 크기 확장에 관한 두 가지 의견이 합의에 이르지 못해 발생한 것입니다. 두 가지 의견은 다음과 같습니다.

① 블록 크기는 기존(최대 1MB)처럼 유지하면서 서명 부분을 트랜잭션에서 분리. 별도로 저장해 블록당 저장 용량을 늘리자는 의견입니다. 주로 비트코인의 핵심 개발자가 지지했습니다. '세그윗(Segregated Witness, SegWit)'이라고 합니다.

② 블록 크기 제한(최대 1MB)을 해제해 자유롭게 확장하자는 의견입니다. 주로 비트코인 채굴자가 지지했습니다. 블록 크기 제한을 해제하는 방식이라서 '비트코인 언리미티드(Bitcoin Unlimited)'라고 합니다.

결국 비트코인 블록은 소프트 포크와 하드 포크가 동시에 진행되면서 호환하지 않는 2개의 암호화폐(세그윗을 적용한 소프트 포크는 '비트코인(BTC)', 비트코인 언리미티드를 적용해 비트코인의 블록 크기를 기존 1MB에서 8MB로 늘린 하드 포크는 '비트코인 캐시(BCH)')로 분리되었습니다.

하드 포크를 하면 암호화폐도 포크합니다. 서로 호환성이 없으므로 완전히 새로운 암호화폐라고 생각하는 사람도 있습니다. 그러나 원래 하나의 암호화폐였으므로 포크 각각이 같은 양의 암호화폐를 유지합니다. 단순하게 생각하면 암호화폐가 두 배로 늘어난 것입니다.

이 때문에 언론 등에서 '비트코인 분열?'이라는 제목으로 불안감을 주는 보도를 냈습니다. 그러나 두 가지 분기는 기술적 관점에서 대체로 안전한 방법으로 진행되었고, 두 암호화폐 모두 시장에서 인정받았으므로 안심해도 괜찮습니다.

---

21 [옮긴이] 차별화 전략 중 하나로, 상대방보다 더 나은 정보나 경쟁력이 있을 때 이를 공개적으로 드러내 우수함을 알리는 행동을 뜻합니다.

CHAPTER

5

지갑의 구조
이해하기

블록체인 지갑은 비트코인 같은 암호화폐를 안전하게 보관하고 교환하는 '온라인 지갑'입니다. 이 장에서는 지갑의 구조를 설명합니다.

33 [지갑]
'지갑'은 암호화폐의 잔액을 확인하는 수단

지갑이라고 하면 보통은 화폐나 신용카드 등이 들어 있는 물건을 생각할 것입니다. 암호화폐의 '지갑'은 실제 화폐가 들어 있는 것이 아니라, 공개 키 암호의 키를 기반에 둔 애플리케이션입니다. 이해하기 어렵다면 '암호화폐의 잔액을 확인하는 수단'으로 생각해도 좋습니다.

지갑이란 무엇인가요?

'지갑이 무엇인가'라는 질문의 답은 간단하지만 대답하기 어렵습니다. 큰 관점에서는 그림 33-1 에서 소개하는 두 가지 의미가 있다고 생각합니다.

그림 33-1 지갑의 의미

> ① 모바일 앱과 웹 서비스로 '잔액 조회'나 '송금' 기능을 제공하는 인터페이스
> ② 블록체인에서 사용하는 공개 키 암호의 '비밀 키'와 '공개 키'를 바탕으로 수학적으로 도출한 '주소'

이 장에서는 주로 ②에 해당하는 주소(지갑 주소)를 설명함

보통 ①의 개념을 지갑이라고 하는 것이 원래 지갑의 뜻에 더 가깝습니다. 그러나 실제로 잔액 조회나 송금 같은 기능은 '사용자 인터페이스'입니다. 블록체인의 관점이라면 ②의 개념이 '지갑'을 설명하는 데 더 적합합니다.

이 책에서는 ①의 개념을 '지갑 앱'이라고 하고, 암호 키를 바탕으로 알아낸 주소(식별자)인 ②의 개념을 '지갑 주소'라고 하겠습니다.

> 지갑이 무엇인가라는 질문은 간단하지만 깊은 뜻을 담은 개념입니다! 이 장에서는 지갑이 과연 무엇인지 깊이 파고들 것입니다.

지갑 주소에 있는 비밀 키와 공개 키

먼저, 지갑 주소가 무엇인지 살펴봅니다. 지갑 주소는 실제 비밀 키 지갑 주소와 공개 키 지갑 주소로 구분합니다. 여러분이 암호화폐 거래 등에서 가장 흔히 보는 것은 '공개 키 지갑 주소'로, '암호화폐를 받는 주소' 혹은 '암호화폐를 보낼 주소'입니다. 이 책은 별도의 언급이 없으면 '지갑 주소 = 공개 키 지갑 주소'입니다. 비밀 키 지갑 주소는 거래에 서명하는 지갑 주소입니다.

실제 지갑 앱 안에는 보통 비밀 키를 보관하는 편이므로 비밀 키 지갑 주소는 암호화폐 지갑을 백업하는 역할로 볼 수 있습니다. 그래서 'WIF(Wallet Import Format)'라고도 합니다. 비밀 키 지갑 주소는 다른 지갑 앱에 주소를 마이그레이션하는 용도로도 사용합니다.

지갑 주소는 연산으로 알아냄

지갑 주소는 비밀 키와 공개 키 형식이 있다고 했습니다. 각각의 관계는 그림 33-2 처럼 나타냅니다.

그림 33-2 지갑 주소의 관계

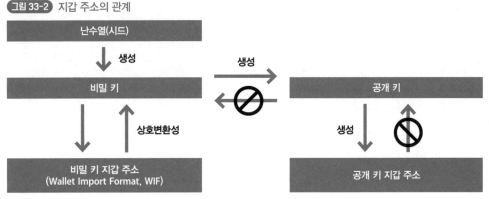

공개 키 지갑 주소에서 공개 키를 알아낼 수 없고, 공개 키로 비밀 키를 알아낼 수 없음

먼저, 난수열에서 비밀 키를 만듭니다. 이 비밀 키는 백업에 필요한 WIF 형식으로 변환해 내보낼 수 있습니다. WIF는 비밀 키와 상호 변환할 수 있으며, 공개 키는 비밀 키를 기반으로 만들지만, 공개 키에서 비밀 키를 알아낼 수는 없습니다. 또한, 공개 키로 지갑 주소를 만들더라도 지갑 주소로 공개 키를 알아낼 수 없습니다.

34 지갑 주소를 알아내는 방법

비밀 키와 공개 키 쌍을 포함한 지갑 주소는 모두 특정 연산을 이용해 만듭니다. 여기서는 지갑 주소를 만드는 방법, 지갑 주소 표기 방법, 주소 공간의 크기 등을 설명합니다.

지갑 주소는 오프라인에서 생성 가능

비밀 키와 공개 키를 기반에 두는 지갑 주소는 모두 특정 연산으로 만듭니다. 이 연산 자체의 원리를 사용자가 신경 쓸 필요는 없습니다. 지갑 앱을 처음 설치할 때 자동으로 만들기 때문입니다.

또한, 특정 연산은 인터넷과 연결할 필요 없이 실행된다는 특징이 있습니다. 기존 온라인 서비스처럼 회원 가입, 로그인, 데이터베이스에 개인 정보 등록 등을 할 필요가 없습니다. 지갑 앱은 설치 후 바로 지갑 주소가 만들어져 암호화폐를 보내고 받거나 지갑 앱에 있는 암호화폐 잔액을 확인할 수 있습니다.

그림 34-1 지갑 주소는 오프라인에서 생성 가능

자동 처리(오프라인에서도 OK)

① 난수를 생성
② 비밀 키와 공개 키 쌍 생성
③ 비밀 키 지갑 주소 생성
④ 공개 키 지갑 주소 생성

지갑 주소는 특정 연산으로 만들므로 특별한 절차 없이 지갑 앱을 사용할 수 있음

지갑 주소를 오프라인에서 만들 수 있다는 점을 활용해 사용자를 고려한 지갑 앱 UX를 설계하면 좋습니다.

지갑 주소의 구조

지갑 주소는 공개 키 암호의 공개 키와 밀접한 관련이 있다는 사실은 이해했을 것입니다. 그럼 레슨 15에서 소개한 저자의 비트코인 주소를 예로 들어 지갑 주소의 구조를 살펴보겠습니다.

비트코인의 지갑 주소는 1로 시작하는 27~34자리의 알파벳과 숫자로 구성되어 있으며, 각각 '헤더(Header), 개체(Entity), 체크섬(Checksum)' 블록으로 구분합니다.

그림 34-2 지갑 주소의 구조

비트코인 지갑 주소의 예

지갑 주소에서 사용하는 숫자는 Base58이라는 이진 텍스트 인코딩 방식으로 만듭니다. 지갑 주소는 **그림 34-3** 과 같은 순서로 작성됩니다.

그림 34-3 지갑 주소 생성 과정

헤더 = 0x00(비트코인 지갑 주소를 나타내는 번호)
개체 =
 ① 공개 키를 SHA2-256 해시 함수에 곱해 값을 계산
 ② ①을 RIPEMD160 해시 함수에 곱해 값을 계산
 ③ ②의 맨 앞에 헤더 블록(0x00)을 연결해 '개체 블록'으로 삼음

체크섬 =
 ④ 개체 블록을 SHA2-256 해시 함수로 두 번 곱해 값을 계산
 ⑤ ④의 첫 4바이트를 추출해 '체크섬 블록'으로 삼음
지갑 주소 인코딩
 ⑥ 개체 블록과 체크섬 블록 연결
 ⑦ ⑥을 Base58로 인코딩

개체와 체크섬을 생성한 후 지갑 주소 인코딩은 ①~⑦ 과정으로 수행함

무한대의 패턴이 있는 지갑 주소

지갑 주소에는 대략 몇 가지 패턴이 있을까요? 비트코인을 예로 들면 공개 키 주소마다 160비트의 데이터가 있고, 이를 만드는 비밀 키는 더 많은 256비트의 데이터가 있습니다. 이 수는 사람이 직접 다루기 불가능할 정도로 대단히 큰 수입니다. 이론적으로는 유한한 수이지만, <u>사실상 무한</u>하다고 해도 괜찮습니다.

그림 34-4 지갑 주소의 패턴 수

160비트의 패턴	=	1,461,501,637,330,902,918,203,684,832,716,283,019,655,932,542,976

공개 키 주소의 160비트 패턴 수는 사람이 직접 다루기 불가능할 정도의 큰 수임

전 세계에 몇 개의 지갑 주소가 있는지는 아무도 모릅니다. 하지만 **그림 34-4** 에서 소개한 패턴 수라면 지구가 멸망할 때까지 모든 사람이 사용할 수 없을 정도입니다.

지갑 주소 키 쌍은 충돌하지 않음

지갑 주소로 사용하는 키 쌍(비밀 키와 공개 키)은 오프라인에서 만들어도 상관없다고 설명했습니다. 그런데 오프라인에서 만들어도 키 쌍이 정말로 충돌하지 않는지에 관해 자주 묻는 사람이 있습니다.

키 쌍은 사실상 무한대라고 설명한 지갑 주소 패턴 160비트에 2^{96}을 추가한 256비트 난수를 바탕으로 만듭니다. 이는 주사위를 256회 던져 짝수와 홀수 중 무엇이 나올지가 256번 연속으로 일치할 확률입니다.

이러한 조건의 난수로 만든 지갑 주소가 다른 지갑 주소와 충돌할 일은 정말 만약의, 만약의, 만약의 상황이라도 발생하지 않을 것으로 생각해도 좋습니다.

그래도 지갑 주소와 암호 키 쌍의 충돌을 걱정하는 사람은 여기서 언급하는 숫자의 크기를 제대로 상상하지 못한 것으로 생각합니다. 이런 사람에게는 동전을 던져 앞면 혹은 뒷면이 몇 번 정도 나올지 맞힐 수 있냐고 물어봅시다. 아마 충돌이 발생하지 않는 상황을 이해할 것입니다.
※ 160회 이하의 숫자를 답한 사람은 걱정하지 않는 사람입니다.

지갑 주소의 유형

1로 시작하는 비트코인 표준 공개 키 지갑 주소 이외에도 헤더 부분에 고윳값이 있는 주소 유형이 몇 가지 있습니다. 그림 34-5 와 그림 34-6 에서 대표적인 주소 유형을 소개합니다.

그림 34-5 지갑 주소 유형

5로 시작하는 WIF 형식의 비밀 키 지갑 주소
…… 비밀 키를 불러오는 유형. 이 주소는 1로 시작하는 표준 지갑 주소를 만듦

3으로 시작하는 다중 서명 주소
…… 송금할 때 여러 사람의 서명이 필요한 지갑 주소. 이 주소는 1 또는 5로 시작하는 주소처럼 키 하나의 해시값을 기반으로 만든 것이 아니라, 트랜잭션에 기록된 서명자 목록의 주소를 포함하는 스크립트의 해시값으로 만든 것임

다중 서명 주소(Multi Signature Address)는 서명 권한을 분산하는 구조임. 자세한 내용은 레슨 38에서 설명함

그림 34-6 계층적 결정성 지갑을 불러오는 지갑 주소

xpub로 시작하는 확장 공개 키(HD 지갑을 만드는 공개 키) 지갑을 불러오는 주소
…… 읽기 전용 HD 지갑을 불러옴

xpriv로 시작하는 확장 비밀 키(HD 지갑을 만드는 비밀 키) 지갑을 불러오는 주소
…… 모든 권한이 있는 HD 지갑을 불러옴

xpub로 시작하는 확장 공개 키는 HD 지갑을 만드는 공개 키, xpriv로 시작하는 확장 비밀 키는 HD 지갑을 만드는 비밀 키임(HD 지갑은 레슨 36 참고)

지금까지 소개한 주소 유형은 모두 비트코인 고유의 것입니다. 블록체인과 암호화폐에 따라 지갑 주소 유형이 다릅니다.

▌원 포인트 **지갑 주소에 따라 자동으로 UI 전환하기**

지갑 주소는 헤더 부분의 값이 다르므로 사람도 명확히 구분할 수 있습니다. 지갑 앱도 헤더 부분의 값을 참고해 QR 코드 등에 표시한 지갑 주소를 읽은 후, 다음에 어떤 동작을 수행해야 하는지 자동으로 판단합니다. 이러한 원리를 응용하면 애플리케이션에 적절한 UI 전환 방법을 적용할 수 있습니다.

Chapter 5

Lesson [지갑 앱]

35 거래의 창구 역할을 하는 지갑 앱

블록체인은 트랜잭션 데이터를 쌓지만, 잔액 조회 서비스나 송금 기능 등은 제공하지 않습니다. 잔액 합계와 트랜잭션 생성, 전자 서명, 네트워크 배포 같은 작업은 지갑 앱에서 이루어집니다.

지갑 앱은 무엇을 하는가?

블록체인의 지갑이 무엇을 하는지는 원리 측면보다 기능 측면으로 이해하는 것이 좋습니다. 즉, 실제 스마트폰 등에서 암호화폐를 관리하는 '지갑 앱'이 무엇을 하는지 이해할 필요가 있습니다.

지갑 앱은 지갑 주소를 관리하고, 잔액을 조회하고, 송금하는 등 거래에 필요한 기능을 제공하는 도구입니다.

그림 35-1 지갑 앱 기능

① 키 쌍의 생성과 보관
② 지갑 주소 생성
③ 지갑 주소에 기록된 잔액 조회
④ 트랜잭션 생성과 전자 서명
⑤ P2P 네트워크 연결과 트랜잭션 배포
⑥ 블록체인의 지급을 검증하는 간단 지급 확인(Simplified Payment Verification, SPV) 데이터 구조 보관

사용자가 신경 쓰지 않아도 되는 기능까지 포함함

또한, 그림 35-1 에서는 설명하지 않았지만, 트랜잭션에 사용하는 암호 키 쌍의 생성과 보관, 블록체인이 정한 형식으로 트랜잭션을 생성한 후 신뢰성을 향상하는 전자 서명, 블록체인 P2P 네트워크에 연결해 트랜잭션을 배포하는 등의 작업도 담당합니다.

블록체인은 잔액을 관리하지 않음

블록체인은 사용자별 잔액을 관리하는 데이터 구조가 아닙니다. 사용자 개념조차 없습니다. 그럼 어떻게 지갑 앱이 본인의 암호화폐 잔액을 알려 주는지 의문이 들 것입니다.

Chapter 5

사실 지갑 앱은 블록체인을 검색해 자신의 지갑 주소와 관련된 트랜잭션 데이터를 읽고 미사용 잔액을 계산합니다. 겉보기에는 아날로그적이고 시간이 걸리는 작업이므로 효율이 높지 않다고 생각할 수 있습니다.

하지만 최근에는 레슨 44에서 설명할 '머클 트리(Merkle Tree)'처럼 검색 성능이 좋은 트리 구조의 데이터 형식, 자신의 주소 관련 정보를 효율적으로 불러오는 '블룸 필터(Bloom Filter)'라는 탐색 알고리즘 등을 이용해 잔액을 비교적 빠르게 계산할 수 있습니다.

기존 데이터베이스와 비교하면 잔액을 조회할 뿐인데도 비효율적인 구조를 선택한 것이긴 합니다.

지갑 앱 하나에 많은 지갑 주소 저장

지갑 주소 사이에 거래가 성립하려면 어떤 주소에서 어떤 주소로 송금할 것인지 명확히 할 필요가 있습니다. 따라서 지갑 주소는 당연히 고유한 ID 같은 것이어야 합니다. 그래서 많은 사람이 지갑 앱 하나에 주소 하나를 할당한다고 생각합니다. 예전에는 정말 그랬습니다. 하지만 최근에는 지갑 앱 하나에 많은 지갑 주소를 할당하는 것이 일반적입니다.

많은 지갑 주소를 관리하는 앱은 새로운 거래마다 새로운 지갑 주소를 만들기 때문에 수백, 수천, 수만 같은 개수의 주소가 있습니다. 지갑 앱이 자동으로 주소를 만들어 주므로 사용자는 신경 쓸 필요가 없습니다.

여러 개의 지갑 주소를 사용하는 것이 신경 쓰이는 사람도 있을 것입니다. 그 이유는 다음에 설명합니다.

하나의 주소만으로 거래할 때의 단점

지갑 사용자라면 지갑 하나에 주소 하나가 있는 설계가 자연스럽고 이해하기 쉬울 것입니다. 그러나 이러한 설계는 몇 가지 관점에서 위험성이 높습니다.

블록체인의 <u>트랜잭션 기록은 원칙적으로 언제든지 누구나 볼 수 있는 상태</u>입니다. 주소 하나만으로 여러 번 거래하면 해당 주소는 누구와 거래하는지는 몰라도 사주 거래함을 분명히 알 것입니다. 그럼 지갑 내용의 도난 위험성 측면에서 보면 지갑 내용을 훔치려는 사람의 표적이 될 확률이 높습니다.

그림 35-2 주소 하나만 사용하면 도난의 대상이 되기 쉬움

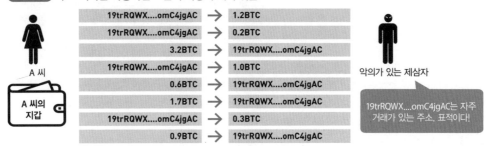

하나의 주소로만 많은 거래를 하면 남들 눈에 잘 띄어 도난의 대상이 되기 쉬움

암호화폐 거래가 많은 지갑 주소는 도난의 대상이 되기 쉬울 뿐만 아니라, 범죄에 이용되는 것으로 오해받기도 쉽습니다. 다른 기관에서 지갑 주소의 안전성을 낮게 평가하는 일도 생깁니다.

많은 지갑 주소를 관리하는 어려움

최근의 지갑 앱은 안전한 거래를 보장하고자 <u>거래마다 다른 지갑 주소를 생성한다</u>고 했습니다. 그럼 많은 지갑 주소를 관리하는 것은 (지갑 앱이 자동 관리해 주더라도) 어려운 일이 아닌가 하는 생각도 들 것입니다. 일반적으로 겪는 지갑 주소를 관리할 때의 어려움은 다음 두 가지입니다.

그림 35-3 지갑 주소 관리의 어려움

① 키가 너무 많으면 유출당할 위험도 높아지는 것 아닐까?
② 키를 분실할 위험에 대비해 백업하고 싶은데 어떻게 해야 할까?

괜찮습니다. 한 번에 해결하는 좋은 방법이 있습니다! 자세한 내용은 레슨 36에서 설명합니다.

▌원 포인트   비결정성(랜덤) 지갑

초기의 지갑 앱은 많은 주소를 만들 때 단순히 무작위로 생성된 비밀 키 모음을 관리했습니다. 이러한 지갑 시스템을 '비결정성 지갑(Nondeterministic Wallets)'이라고 합니다. 비결정성 지갑을 이용하는 대표적인 예는 '비트코인 코어'에 구현한 지갑 주소 생성기입니다.

비트코인 코어의 지갑 주소 생성기는 처음 지갑 주소를 생성할 때 미리 100개의 임의 비밀 키를 생성해 유지하는 간단한 구조입니다. 그리고 각 키는 한 번만 사용하도록 관리합니다. 처음 만든 비밀 키를 모두 사용하면 필요에 따라 다시 무작위로 비밀 키를 생성하는 방식으로 운용합니다.

비결정성 지갑의 단점은 키 사이의 연관성이 없으므로 지갑 주소를 많이 생성했을 때 지갑 주소와 연결된 모든 비밀 키의 사본도 함께 유지해야 한다는 것입니다. 따라서 지갑 주소가 늘어날 때마다 자주 백업해야 하며, 백업하지 않은 지갑 주소의 키를 분실하거나 키가 손상되면 지갑 주소에 다시 접근할 수 없습니다. 그러므로 지갑 주소에 있던 암호화폐를 영원히 잃어버릴 수 있습니다. 레슨 36에서 이 문제를 근본적으로 해결하는 방법을 소개합니다.

36 결정성 지갑 주소의 구조 이해하기

최신 지갑 앱은 많은 지갑 주소를 관리한다고 했습니다. 여기에서는 적은 컴퓨팅 자원으로 대량의 지갑 주소를 다룰 수 있는 결정성 지갑 주소(Deterministic Wallets Address)라는 효율적인 방법을 소개합니다.

결정성 지갑 주소의 원리

결정성 지갑 주소는 먼저 '시드'라는 난수에서 '마스터 키'를 만듭니다. 그리고 트랜잭션을 하나 생성할 때마다 마스터 키로 연산해 만든 키 쌍(비밀 키와 공개 키)과 지갑 주소를 생성한다는 아이디어입니다.

그림 36-1 결정성 지갑 주소의 원리

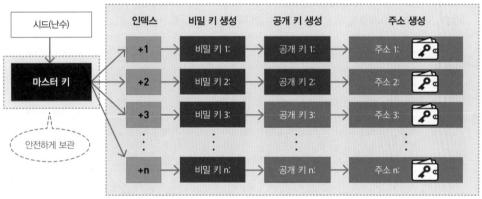

이러한 구조로 마스터 키 하나만 안전하게 관리하면 됨

결정성 지갑 주소용 루트 시드 만들기

마스터 키를 만들려면 먼저 난수열 128비트에 4비트 체크섬을 더한 132비트의 데이터(루트 시드)가 필요합니다. 이는 0과 1을 132개 나열한 것으로, 예측도 재현도 불가능합니다. 이 루트 시드는 결정성 지갑의 마스터 키를 만드는 데 필요한 원본 자료와 같습니다.

루트 시드 값으로 만든 마스터 키를 백업해 안전하게 보관하면 필요할 때마다 인덱스 순서에 대응하는 키 쌍과 지갑 주소를 만들 수 있습니다. 모든 키를 백업하고 관리하는 불편함을 해결해 줍니다.

실제로 루트 시드 값으로 만든 마스터 키는 결정성 지갑 주소 전체를 재구축하는 데도 사용합니다.

▌원 포인트 루트 시드 대신 니모닉 기억하기

루트 시드는 0과 1의 나열이므로 그대로를 전부 외우기란 거의 불가능합니다. 그래서 루트 시드를 12개의 단어열로 인코딩해 사람이 기억하도록 고안한 '니모닉'을 사용할 때도 있습니다. 니모닉과 루트 시드는 상호 간에 변환할 수 있는 구조입니다.

니모닉 단어열은 영어, 한국어, 일본어, 스페인어, 중국어(간체자와 번체자), 프랑스어, 이탈리아어, 체코어를 사용할 수 있습니다(언어별로 첫 세 문자가 중복되지 않도록 2,048개 단어를 선정했습니다).

그림 36-2 에서 니모닉 단어열에 무엇이 있는지 확인하는 URL을 소개합니다. 관심이 있다면 접속해 살펴보기 바랍니다.

그림 36-2 언어별 니모닉 단어열 소개 URL

https://github.com/bitcoin/bips/blob/master/bip-0039/bip-0039-wordlists.md

그림 36-3 루트 시드와 니모닉의 연관 관계

루트 시드 ····· 132비트 0과 1의 나열

난수열	체크섬
128비트 + 4비트	
132비트	

상호 변환 가능

니모닉 ····· 12개의 키워드

abandon	lift	what
cat	organ	ritual
fuel	prison	just
machine	shoe	hidden

마스터 키를 만들려면 루트 시드를 백업할 필요가 있지만, 루트 시드 그대로를 기억하기 어려우므로 니모닉으로 변환함

마스터 키

루트 시드에서 마스터 키 만들기

루트 시드와 니모닉 중 실제로 마스터 키를 만들 때 필요한 것은 루트 시드입니다. 마스터 키는 다음 과정으로 만듭니다.

먼저 512비트 키를 출력하는 HMAC-SHA2-512 해시 함수에 루트 시드를 넣어 연산한 값을 얻습니다. 이 512비트 0과 1의 나열을 256비트씩 나눠 왼쪽은 '비밀 키의 마스터', 오른쪽은 다음 비밀 키를 만드는 데 사용하는 '체인 코드의 마스터'로 삼습니다. 또한, 비밀 키의 마스터로 연산해 '공개 키의 마스터'를 만듭니다.

그림 36-4 512비트 키를 출력하는 HMAC-SHA2-512 해시 함수

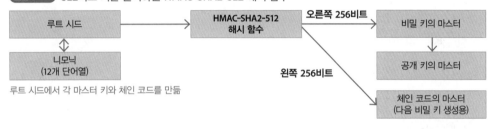

루트 시드에서 각 마스터 키와 체인 코드를 만듦

마스터 키에서 실제로 사용할 키 생성

실제 트랜잭션 생성에 이용하는 키(자식)를 마스터 키(부모)로 생성하는 방법을 알아보겠습니다. 먼저 '자식 키 유도(Child Key Derivation, CKD) 함수'에 인수 2개를 설정합니다. 하나는 비밀 키의 마스터와 키의 순서를 나타내는 인덱스를 연결한 값이고, 다른 하나는 다음 키를 만드는 체인 코드의 마스터입니다. 그럼 실제 사용할 키(자식)를 만드는 데 필요한 비밀 키, 공개 키, 체인 코드를 만들 수 있습니다. 이후에는 인덱스값을 바꾸면서 몇 번째라는 의미를 부여할 수 있는, 실제 사용할 키를 계속 만들 수 있습니다.

그림 36-5 자식 키 유도 함수

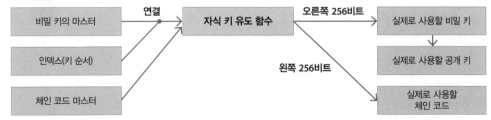

인덱스와 체인 코드를 인자로 설정하면 실제로 사용할 비밀 키/공개 키/체인 코드를 만들 수 있음

계층적 결정성 지갑

결정성 지갑의 개념에 '계층' 개념을 더해 응용 가능한 영역을 확장할 수 있습니다. 자식 키 유도 함수에 계층을 나타내는 인자를 추가하는 것입니다. 그럼 <u>'몇 번째 계층의 몇 번째 인덱스'에 해당하는 지갑 주소라고 표현할 수 있습니다.</u> 이러한 계층형 지갑 구조를 계층적 결정성 지갑 (Hierarchical Deterministic Wallets), 줄임말로 HD 지갑이라고 합니다.

HD 지갑의 계층 경로 표현 방법은 BIP44[22]라는 규칙을 따릅니다. 이 규칙으로 생성된 지갑은 다른 지갑 앱과 호환되므로 서로 연결할 수 있습니다. 예를 들어 어떤 지갑 앱에서 원하는 부분의 인덱스를 BIP44 규칙에 맞게 바꾸면, 비트코인 이외의 '라이트코인'이나 '모나코인' 등 다른 암호화폐의 지갑 주소를 만들 수 있습니다.

그림 36-6 계층적 결정성 지갑

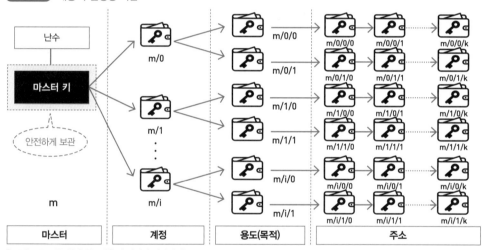

용도별로 주소를 생성하는 계층적 결정성 지갑의 원리

BIP는 '비트코인 개선 제안(Bitcoin Improvement Proposals)'의 줄임말입니다. 비트코인 개발자 커뮤니티에서 관리하는 기술 제안입니다. 계층적 결정성 지갑은 BIP44라는 명칭을 붙였습니다. 44번째 BIP라는 뜻입니다.

---

22 **옮긴이** https://github.com/bitcoin/bips/blob/master/bip-0044.mediawiki

뜨거운 지갑과 차가운 지갑의 차이

암호화폐 지갑은 크게 뜨거운 지갑(Hot Wallet)과 차가운 지갑(Cold Wallet)이 있습니다. 본질적으로 두 지갑에 차이는 없습니다. 그러나 지갑을 안전하게 운용하려면 두 지갑을 구분하는 것이 중요합니다.

본질적으로 차이가 없는 두 종류의 지갑

암호화폐 지갑은 '뜨거운 지갑'과 '차가운 지갑'으로 구분할 수 있습니다. 정확하게는 지갑(지갑 앱)이 아닌 주소 유형에 따른 분류이므로 뜨거운 지갑 주소, 차가운 지갑 주소가 맞는 명칭입니다. 그러나 보통 뜨거운 지갑, 차가운 지갑이라고 합니다.

두 지갑에 본질적인 차이는 없습니다. 즉, 지갑 주소를 보는 것만으로는 뜨거운 지갑인지 차가운 지갑인지 구분할 수 없습니다. 인터넷에 연결된 기기에서 사용하는 지갑 주소를 '뜨거운 지갑', 인터넷에 연결되지 않은 기기에서 사용하는 지갑 주소를 '차가운 지갑'이라고 구분하기 때문입니다. 평소에 사용하는 지갑과 집에 돈을 보관하는 금고의 차이와 같은 개념입니다.

그림 37-1 뜨거운 지갑과 차가운 지갑

뜨거운 지갑	차가운 지갑
☑ 인터넷에 연결되었음	☑ 인터넷에 연결되지 않았음
☑ 입금: 언제든지 가능	☑ 입금: 언제든지 가능
☑ 출금: 온라인 서명으로 가능	☑ 출금: 금고를 열어 수동으로 서명해 가능

인터넷에 연결되었는지가 가장 큰 차이점임

암호화폐 거래소는 고객이 맡긴 비트코인 등의 암호화폐를 차가운 지갑에 의무적으로 보관합니다.

뜨거운 지갑의 위험성

뜨거운 지갑(을 관리하는 지갑 앱)은 평소에 사용하는 지갑 개념이므로 암호화폐의 입출금이 비교적 잦습니다. 암호화폐를 받는 것뿐이라면 사실 인터넷에 연결할 필요가 없습니다. 상대방이 지갑 주소만 알면 입금 때문에 온라인 상태로 대기할 필요가 없다는 뜻입니다.

그러나 해당 지갑 주소로 어딘가에 암호화폐를 송금하려면 지갑 앱 등으로 꼭 한 번은 인터넷에 연결해 블록체인 네트워크에다 트랜잭션 데이터를 배포해야 합니다. 이때 신경 써야 할 점은 송금에 필요한 트랜잭션 서명을 어디서 하느냐는 것입니다. 여러분도 현재 소유한 지갑 주소가 인터넷에서 서명해야 하는지 오프라인에서도 서명이 가능한지 꼭 한 번 확인하세요.

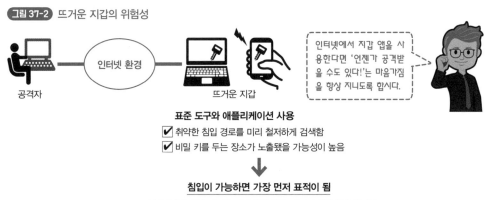

그림 37-2 뜨거운 지갑의 위험성

공격자 　 인터넷 환경 　 뜨거운 지갑

인터넷에서 지갑 앱을 사용한다면 '언젠가 공격받을 수도 있다!'는 마음가짐을 항상 지니도록 합시다.

표준 도구와 애플리케이션 사용
☑ 취약한 침입 경로를 미리 철저하게 검색함
☑ 비밀 키를 두는 장소가 노출됐을 가능성이 높음

⬇

침입이 가능하면 가장 먼저 표적이 됨
인터넷에서 사용 가능한 지갑 앱은 인증 과정의 위험성이 약점임

인터넷에서 사용하는 지갑 앱은 인증이 약점

스마트폰과 웹 서비스 등 항상 인터넷에 연결이 가능한 환경에서 사용하는 지갑 앱은 전자 서명에 사용하는 비밀 키가 노출될 상황이 꽤 있습니다. 이때 안전성이 낮다면 자신이 사용하는 비밀 키가 어딘가로 노출될 확률이 더욱 높습니다.

또한, 비밀 키를 아무리 견고한 장소에 보관했더라도 정작 어떤 인증을 거쳐 비밀 키를 불러와야 한다면 인증의 안전성을 점검해야 합니다. 즉, 인증의 안전성을 확보하지 못하면 아무리 강력한 방법으로 키를 보관해도 의미가 없습니다.

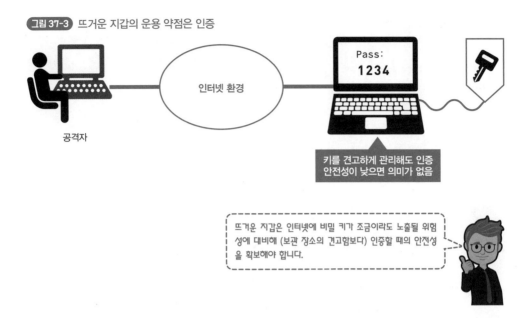

그림 37-3 뜨거운 지갑의 운용 약점은 인증

인터넷 환경

공격자

Pass:
1234

키를 견고하게 관리해도 인증 안전성이 낮으면 의미가 없음

뜨거운 지갑은 인터넷에 비밀 키가 조금이라도 노출될 위험성에 대비해 (보관 장소의 견고함보다) 인증할 때의 안전성을 확보해야 합니다.

트랜잭션에 전자 서명하는 것은 오프라인에서도 가능

트랜잭션(자세한 내용은 레슨 39 참고)에 전자 서명하는 사람은 트랜잭션을 생성한 본인일 것입니다. 그래서 전자 서명은 오프라인에서도 할 수 있습니다.

원래 트랜잭션을 생성해 전자 서명하는 것까지는 인증이 필요하지 않습니다. 그래서 트랜잭션 서명까지는 오프라인에서 하고, 서명된 트랜잭션을 인터넷에 연결된 환경(PC나 스마트폰)으로 옮겨 블록체인 네트워크에 배포하는 운용 방법을 선택할 수 있습니다. 이것이 차가운 지갑의 운용 방법입니다.

차가운 지갑을 운용한다면 하드웨어 지갑이 편리

암호화폐 거래소 등은 업무용으로 인터넷에 연결되지 않은 차가운 지갑 운용 환경을 갖췄습니다. 하지만 일반 사용자가 비슷한 환경을 갖추는 것은 어렵습니다. 이때는 하드웨어 지갑을 이용한 차가운 지갑 운용을 추천합니다.

하드웨어 지갑은 트랜잭션에 서명하는 작업을 수행하는 일종의 기기이며, USB 메모리 정도의 크기가 주류입니다. 처음부터 오프라인 서명에 사용하려고 만든 것은 아니지만 필요한 비밀 키가 하드웨어 기기 안에 있으며, 해당 기기를 부수지 않는 한 억지로 빼낼 수 없습니다. 그래서 PC나 스마트폰보다 안전성이 높은 것으로 알려졌습니다.

또한, 연산 능력이 있는 하드웨어 지갑이라면 오프라인에서 트랜잭션 서명을 할 수 있으므로 차가운 지갑을 운용할 시 항상 사용할 수 있습니다.

그림 37-4 하드웨어 지갑의 예

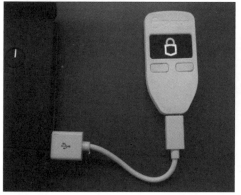

키를 관리하고 전자 서명까지 단독으로 할 수 있는 하드웨어 지갑   키만 관리하고 전자 서명은 PC에서 하는 하드웨어 지갑

트랜잭션에 서명할 때 PC나 스마트폰 연산 능력에 의존하는 하드웨어 지갑도 있습니다. 이때는 차가운 지갑을 운용하지 못할 수도 있으니 주의하세요.

38 트랜잭션 서명 권한을 분산하는 다중 서명 주소

일반 지갑 주소는 트랜잭션에 하는 전자 서명이 하나뿐입니다. 그런데 트랜잭션에 서명할 때 권한을 분산 관리해 여러 개의 서명으로 트랜잭션 정책을 강화하는 방법도 있습니다. 이를 다중 서명 주소라고 합니다.

여러 개의 서명이 있어야 출금 가능한 주소

보통 지갑 주소는 송금 등의 거래를 할 때 필요한 서명이 1개입니다. 그런데 송금할 때 서명이 여러 개 필요한 주소가 있습니다. 이를 다중 서명 주소(Multi Signature Address)라고 합니다.

비트코인은 지갑 주소의 시작 글자가 1이면 일반 지갑 주소, 3이면 다중 서명 주소입니다. 1로 시작하는 지갑 주소는 'P2PKH(Pay to Public Key Hash) 주소(공개 키 해시의 지급 주소)'라고 하며, 3으로 시작하는 다중 서명 주소는 'P2SH(Pay to Script Hash) 주소(스크립트 해시의 지급 주소)'라고 합니다. 각각 이름 그대로 여러 개의 서명을 검증하는 스크립트로 송금하는 트랜잭션 데이터를 만듭니다.

'스크립트 해시의 지급 주소'라는 설명에서 알 수 있듯이, 다중 서명 주소는 서명 수집 계약을 따르는 스마트 계약(자세한 내용은 레슨 47 참고)의 하나입니다.

다중 서명의 운용 방법 'm of n'

맨 처음 다중 서명 주소를 적용하는 상황으로 생각할 수 있는 것은 회사에 기안을 올려 결재를 거치는 트랜잭션입니다. 예를 들어, 임원 3명의 서명을 모두 받아야 예산을 집행할 수 있다는 규칙을 두면 공금 횡령 등의 부정행위를 막을 수 있습니다.

그러나 모두의 서명을 모아야 하는 조건이면 임원 중 누군가 출장을 가거나 키를 분실했을 경우 업무에 지장이 생깁니다. 이럴 때는 일부의 서명이 모이면 된다는 **m of n 다중 서명**이라는 운영 규칙을 둡니다. 예를 들어, 회사의 임원 4명 중 3명이 승인하면 송금이 가능(3 of 4)하다는 규칙을 두는 것이 일반적입니다.

그림 38-1 3 of 4 다중 서명 송금

임원 4명 중 3명이 서명하면 거래처에 송금할 수 있음

키 분실 시 대책으로 응용

암호화폐 거래소의 각 서비스 등에 다중 서명 지갑 주소를 표준으로 갖춘 곳이 많아졌습니다. 이용할 때는 미리 키 3개 중 2개가 있으면 송금 가능(2 of 3)이라고 설정해 자신과 신뢰할 수 있는 지인(예를 들어 가족), 거래소 운영자가 각각 키를 갖는 방법도 있습니다.

특별한 상황을 제외하고 거래소에서 보유한 키로 자동 서명하게끔 설정해 두면 평상시에는 '나' 혼자의 판단(자신 + 거래소 운영자)으로 자유롭게 송금 가능하며, 자신이 키를 분실했을 때는 신뢰할 수 있는 지인이 서명해서 암호화폐 계좌를 복구할 수 있습니다.

그림 38-2 2 of 3 다중 서명의 응용

키 3개 중 2개가 있으면 송금이 가능하며, 키를 분실했을 때 복구도 가능함

송금할 수 없는 읽기 전용 지갑

오로지 잔액만 조회(송금할 수 없음)하는 지갑 앱을 만들고 싶거나, 가계부 앱에서 암호화폐의 잔액을 자동으로 검색하고 싶거나, 암호화폐를 받기만 하고 송금할 필요가 없는 가게 결제 시스템을 구축하려는 상황 등에 편리하게 사용할 수 있는 '읽기 전용 HD 지갑'이 있습니다. 이 구조를 살펴보겠습니다.

계층적 결정성 지갑(HD 지갑)에서 모든 계층의 모든 인덱스에 대응하는 키 쌍을 결정성으로 얻으려면 자식 키 유도 함수를 이용합니다. 자식 키 유도 함수의 인자는 키, 체인 코드, 인덱스입니다. 그중 키에는 비밀 키의 마스터나 공개 키의 마스터 중 하나를 설정할 수 있습니다.

보통 여러분이 지갑 앱으로 실제 사용할 키를 만들 때는 비밀 키의 마스터를 사용합니다. 그럼 실제 사용할 비밀 키, 실제 사용할 공개 키, 실제 사용할 체인 코드를 얻습니다(레슨 36의 `그림 36-5` 참고). 이후 비밀 키와 공개 키로 만든 지갑 주소를 이용하면 트랜잭션을 생성해 송금에 서명할 때까지 모든 권한을 갖고 접근할 수 있습니다.

한편, 인자로 설정하는 키에 공개 키의 마스터를 지정하면 실제 사용할 공개 키와 실제 사용할 체인 코드만 얻습니다. 즉, 실제 사용할 공개 키에서 실제 사용할 비밀 키는 얻지 못합니다(`그림 38-3` 참고).

`그림 38-3` 자식 키 유도 함수에서 읽기 전용 HD 지갑 생성

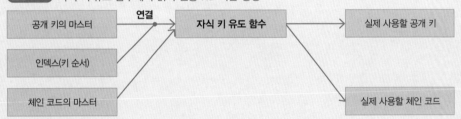

인자 '키'에 공개 키의 마스터를 지정하면, 실제 사용할 공개 키와 실제 사용할 체인 코드만 얻음

`그림 38-3` 의 방법으로 만든 지갑 주소는 공개 키만으로 구성된 '읽기 전용 HD 지갑'입니다.

공개 키만 얻는 '읽기 전용(Read-Only)'이라는 특징은 매우 유용합니다. 거래소 등에서는 차가운 지갑 운용을 더 안전하게 하거나, 지갑 동작 감지·추적 서비스에 이용하는 등 활용 가능한 폭도 넓습니다.

읽기 전용 HD 지갑을 만들고자 공개 키의 마스터에서 첫 번째 체인 코드를 추가해 만든 키를 '확장 공개 키(xpub)'라고 합니다.

거래소와 외부 지갑 서비스는 확장 공개 키를 불러오도록 요청할 수 있습니다. 이때 비밀 키를 맡기는 것이 아니므로 기본적으로 안전합니다. 하지만 송금 트랜잭션 등을 추적할 수 있으므로 장단점을 잘 고려하여 사용해야 합니다.

CHAPTER 6

블록체인에 거래를 기록하는 트랜잭션 이해하기

여기에서 블록체인의 주 개념인 트랜잭션과 블록을 살펴보겠습니다. 조금 어려운 이야기일지도 모르지만 꼭 읽기 바랍니다!

39 트랜잭션의 역할과 내용

트랜잭션은 거래를 뜻합니다. 대표적인 거래인 송금도 있지만, 송금 외에도 사용할 수 있는 짧은 메시지 기록 영역을 능숙하게 활용하면 새로운 암호화폐를 정의하거나 디지털 문서의 존재 증명 등에 활용할 수도 있습니다.

트랜잭션과 거래의 수

블록체인의 기술적 관점에서 '트랜잭션'이라는 말이 나오면 보통 '거래'를 뜻합니다. 예를 들어, '송금'하는 트랜잭션이라면 지갑 주소 하나에 있는 암호화폐를 다른 지갑 주소로 이동시킨다는 요청이 있으며, 해당 트랜잭션이 송신자의 것임을 증명하려고 만든 타임스탬프와 전자 서명이 포함되어 있습니다.

거래 내용, 타임스탬프, 전자 서명으로 이루어진 트랜잭션 파일의 해시값은 그 자체가 블록체인의 고유한 '트랜잭션 ID'입니다.

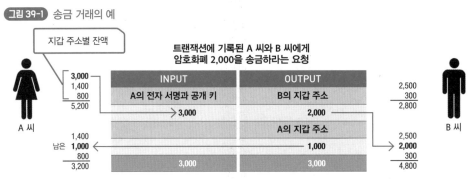

그림 39-1 송금 거래의 예

트랜잭션은 '거래'를 뜻함. 블록체인의 거래에서는 반드시 어떤 누군가가 다른 누구에게 송금하는 내용이 존재함. 암호화폐를 얻을 때마다 지갑 주소가 생성되며, 송금할 때는 지갑 주소 단위로 INPUT에 기록함. 암호화폐 2,000을 송금한다면 지갑 주소 잔액 3,000을 통째로 INPUT에 기록한 후 OUTPUT에는 B에게 2,000을 송금하고, 1,000은 자신에게 다시 되돌리는 요청을 함. 거래 내용의 연속성을 유지하려는 구조임(레슨 40 참고)

송금 이외의 트랜잭션 예

거래 관련 트랜잭션은 보통 암호화폐를 보내는 사람과 받는 사람이 있습니다. 그런데 트랜잭션을 송금에만 사용하는 것은 아닙니다.

예를 들어, 암호화폐 거래를 하지 않고 어떤 짧은 메시지를 기록하거나 문서의 존재를 증명하는 해시값을 기록할 때 '자신의 지갑에서 일부러 암호화폐를 꺼내 자신의 지갑에 거의 그대로 보낸다'는 특별한 트랜잭션을 만들 수도 있습니다. 물론, 암호화폐를 거래할 때 메시지를 추가할 수도 있습니다. 이 기록 영역을 잘 이용하면 블록체인의 기능 자체를 확장할 수 있습니다.

그림 39-2 송금 이외의 트랜잭션 예

A 씨가 어떤 문서의 존재를 증명하려고 함

A 씨

INPUT	OUTPUT	
A의 전자 서명과 공개 키	A의 지갑 주소	송금 트랜잭션
3,000	3,000	
	OP_RETURN	존재를 증명하려는 문장
	문서의 해시값	← Hash((문장))
3,000	3,000	

송금 목적이 아닌 트랜잭션이 필요할 수 있음. 이때는 자신에게 송금하는 형태로 트랜잭션 기록을 남김

송금 이외의 확장 기능을 이용하는 트랜잭션도 송금 형태의 트랜잭션 내용은 반드시 기록되어 있습니다.

▌원 포인트 **비트코인의 확장 영역을 이용해 만든 암호화폐**

비트코인은 트랜잭션에 80바이트 정도의 짧은 메시지를 첨부할 수 있는 영역이 있습니다. 이 영역을 잘 사용하면 비트코인의 기능을 확장할 수 있습니다. 이를 활용한 예가 컬러드 코인(Colored Coins)이라는 파생 암호화폐입니다. 그 외에도 메시지 첨부 영역에 있는 파일의 해시값을 입력하고 같은 값의 파일을 P2P 분산 스토리지(레슨 28 참고)에 저장해 파일의 존재 증명에 사용하는 방법도 있습니다.

40 지갑 주소의 미사용 잔액 'UTXO'

지갑 주소에 기록된 미사용 암호화폐 잔액을 UTXO라고 합니다. 트랜잭션을 새로 만든다면 UTXO를 기반으로 보내는 금액과 받는 금액을 같게 기록해 과거부터 현재까지 모든 거래 내용의 연속성을 보장합니다.

미사용 잔액 UTXO

레슨 35에서 설명한 것처럼 통상적인 지갑 앱은 많은 지갑 주소를 관리합니다. 그리고 한 번 거래할 때마다 일회용이라는 느낌으로 주소를 생성합니다. 따라서 오랫동안 거래를 계속하는 사람은 엄청난 양의 지갑 주소를 보유하는 것입니다. 그런데 지갑 앱은 많은 지갑 주소를 자동으로 관리하므로 사용자 대부분은 '어떤 지갑 주소에 암호화폐 잔액이 얼마 있다'는 자세한 정보를 알 필요가 없습니다.

지갑 앱이 나타내는 잔액은 지갑 앱이 관리하는 많은 지갑 주소에 있는 미사용 잔액을 모두 합한 것입니다. 이 미사용 잔액을 UTXO(Unspent Transaction Output)라고 합니다.

블록체인이 분산 원장 기술인 이유

블록체인은 '분산 원장 기술'의 구현이라고 합니다. 그런데 '도대체 어디가 원장인가?'라고 생각하는 분도 있을 것입니다. 방금 설명한 UTXO가 원장에 해당합니다. UXTO는 블록체인에 기록된 정보의 핵심 부분이기도 합니다.

자신의 지갑 앱이 관리하는 지갑 주소의 UTXO(미사용 잔액) 합계는 '자신이 사용할 수 있는 암호화폐의 한도'입니다. 즉, 송금자의 전체 잔액입니다. 예를 들어 여러분이 누군가에게 암호화폐 2,000을 보내는 송금 트랜잭션을 만들려면 UXTO의 합계가 2,000 이상이어야 합니다.

UTXO의 송금 요청

그림 40-1 은 UTXO의 개념을 나타냅니다.

그림 40-1 UTXO의 개념

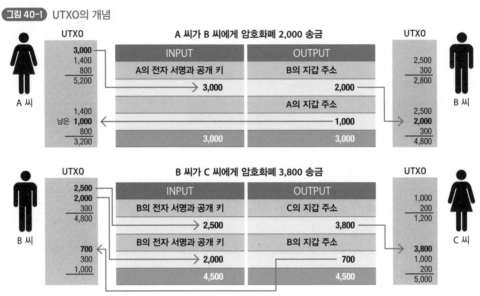

송금할 때는 UTXO에서 송금액을 가져옴. 송금액이 부족하면 UTXO 여러 개를 INPUT에 배치함. INPUT과 OUTPUT의 합계는 항상 같은 금액이어야 함

일정한 암호화폐 금액을 상대방에게 보낼 때는 자신이 소유한 UTXO 중 송금하는 데 충분한 잔액이 있는 UTXO(여기에서는 암호화폐 2,000 이상인 3,000이 있는 UTXO)를 INPUT에 배치합니다. 그리고 상대의 지갑 주소로 송금하려는 암호화폐 2,000과 자신의 지갑 주소로 다시 되돌릴 1,000을 OUTPUT에 배치합니다.

이때 거래 내용은 '송신자의 INPUT'과 '수신자의 OUTPUT' 합계가 항상 같아야 합니다. 이는 복식부기 원장(분개장)[23]에서 왼쪽의 '차변[24]'과 오른쪽의 '대변[25]'에 같은 금액을 기입하는 것과 같습니다.

UTXO는 블록체인에 기록한 데이터의 핵심 부분입니다.

---

23 **옮긴이** 모든 거래 내용을 발생한 순서대로 기입하는 장부를 뜻합니다.
24 **옮긴이** 자산 증가와 비용 발생, 부채와 자본 감소를 기록합니다.
25 **옮긴이** 자산 감소, 수익 발생, 부재와 자본 증가를 기록합니다.

UTXO는 삼식부기 모델

일반 복식부기는 대변과 차변의 균형을 유지하면 좋다고 생각합니다. 그러나 블록체인의 UTXO에 적용한 부기는 잔액의 개념을 포함해야 합니다. 즉, 블록체인의 <u>트랜잭션은 반드시 UTXO, INPUT, OUTPUT의 균형을 항상 유지해야 한다</u>는 제약이 있습니다. 예를 들어, 충분한 UTXO가 없으면 거래할 수 없습니다.

그림 40-2 UTXO, INPUT, OUTPUT의 균형

UTXO	≥	INPUT	=	OUTPUT

UTXO, INPUT, OUTPUT의 균형이 위의 식처럼 유지되어야 함

비트코인 트랜잭션의 입출력은 비대칭

블록체인의 트랜잭션은 'UTXO ≥ INPUT = OUTPUT'이라는 관계를 유지해야 한다고 했지만 예외도 있습니다.

사실 비트코인의 트랜잭션 내용을 보면 'UTXO ≥ INPUT ≥ OUTPUT' 관계입니다. 반드시 송신자의 INPUT과 수신자의 OUTPUT이 일치하지 않고 대체로 INPUT이 더 큽니다. 그럼 INPUT과 OUTPUT은 왜 차이가 날까요? 이는 <u>채굴자에게 수수료로 지급할</u> 암호화폐 금액을 빼기 때문입니다.

수수료는 트랜잭션을 만드는 사람(송금자)이 자유롭게 정할 수 있습니다. 따라서 가끔 '자신이 돌려받아야 하는 암호화폐를 수수료로 잘못 설정했다'고 당황하는 사람도 있습니다. 은행 등 기존 금융 기관이라면 '착오 송금 구제 사업'이 준비되어 있지만, 블록체인은 이렇게 지급된 수수료를 다시 돌릴 수 없습니다.

그림 40-3 비트코인의 트랜잭션은 INPUT과 OUTPUT이 비대칭

A 씨가 B 씨에게 2,000satoshi 송금

INPUT	OUTPUT
A의 전자 서명과 공개 키	B의 지갑 주소
3,000	2,000
	A의 지갑 주소
	900
3,000	2,900

차액은 채굴자의 수수료

3,000 − 2,900 = **100 satoshi**

채굴자에게 수수료를 지급하므로 비대칭임

채굴자 보상의 개념

채굴자에게 지급하는 수수료(보상)를 자유롭게 설정할 수 있다면 수수료를 싸게 혹은 0으로 설정하는 것이 좋다는 사람도 있을 것입니다. 하지만 수수료가 너무 저렴하면 블록체인에 트랜잭션을 포함하지 못합니다.

'어떤 트랜잭션을 블록에 포함할 것인가?'는 채굴자가 자유롭게 정합니다. 즉, 채굴자에게 지급하는 수수료는 블록체인을 유지하는 데 필요한 보상이라는 면이 있습니다. 따라서 트랜잭션 풀(레슨 41 참고)에 트랜잭션이 많다면, 경제적 합리성을 고려해 수수료가 높은 것을 우선해서 블록에 포함합니다. 수수료가 너무 싼 트랜잭션은 승인되지 않아 블록에 포함될 수 없다는 위험성이 있습니다.

실제 2017년 6월 무렵, 비트코인의 트랜잭션이 너무 많아 트랜잭션 하나를 블록에 포함하는 수수료가 수천 원까지 오른 적이 있었습니다. 물론, 7월에 다시 안정되어 몇백 원으로 낮아지긴 했습니다.

UTXO를 되짚어 블록의 첫 기록 살펴보기

트랜잭션의 INPUT에 UTXO를 설정하면 해당 UTXO에는 과거의 트랜잭션 OUTPUT이 있어야 합니다. 그럼 UTXO를 되짚어서 블록의 첫 기록을 살펴볼 수 있습니다. 비트코인을 예로 들면, 블록의 첫 기록은 채굴자가 채굴에 성공했을 때 기록하는 'INPUT 없이 OUTPUT만 담긴 트랜잭션'입니다. 그것은 어떤 블록이든 첫 번째 기록에 해당합니다.

이 트랜잭션(블록의 첫 기록)은 다른 트랜잭션과 구분하기 위해 코인베이스 트랜잭션이라고 합니다. 해당 트랜잭션은 암호화폐의 발행을 담당합니다. 예를 들어 코인베이스 트랜잭션으로 신규 발행한 비트코인은 100블록 이상의 트랜잭션 승인이 확인되어야 사용한다는 규칙이 있습니다.

> **▌원 포인트 첫 번째 블록에는 무엇이 있을까?**
>
> 첫 번째 블록에는 보통 레슨 07에 언급한 제네시스 블록이 있습니다. 비트코인의 제네시스 블록에는 OUTPUT에 50BTC가 담긴 트랜잭션 하나만 있습니다.

41 트랜잭션을 합의하는 방법

트랜잭션은 전 세계 P2P 네트워크의 노드에 버킷 릴레이 방식으로 배포 및 복사합니다. 트랜잭션은 먼저 트랜잭션 풀에 저장했다가 블록체인에 포함되면 '합의 승인'으로 여깁니다.

트랜잭션은 전 세계에 배포

트랜잭션은 P2P 분산 네트워크의 노드를 이용해 전 세계에 전달, 배포 및 복사합니다. 먼저 사용자의 가장 가까운 노드에 트랜잭션을 배포한 후, 내용을 확인해 문제가 없으면 해당 트랜잭션을 복사합니다. 이러한 버킷 릴레이 방식으로 이웃 노드에 배포와 복사를 반복해 결국 전 세계에 전달합니다. 따라서 블록체인 네트워크는 웹 서비스와 달리 특정 서버에 부하가 집중되지 않습니다.

그림 41-1 트랜잭션이 퍼지는 원리

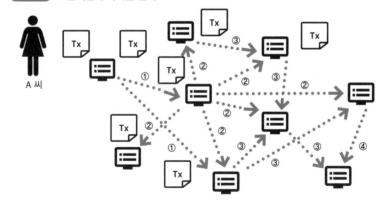

거래할 때 트랜잭션(Tx)을 가장 가까운 노드에 배포 및 복사(버킷 릴레이 방식)하는 과정을 반복함

트랜잭션은 버킷 릴레이 방식으로 배포 및 복사하면서 전 세계에 퍼집니다.

트랜잭션의 합의 승인

버킷 릴레이 방식으로 전 세계에 배포할 트랜잭션은 먼저 **트랜잭션 풀**이나 **메모리 풀**이라는 영역에 저장합니다. 블록체인에 포함될 때까지 잠시 대기하는 상태입니다.

트랜잭션이 트랜잭션 풀에 있으면 아직 블록체인이 트랜잭션을 포함한 것이 아니므로 해당 트랜잭션은 아직 '승인되지 않은 상태'입니다. 블록체인에 트랜잭션이 포함되면 '승인된 상태'이자 해당 트랜잭션을 합의한 것입니다.

그림 41-2 트랜잭션이 포함되기 전에는 승인되지 않은 상태

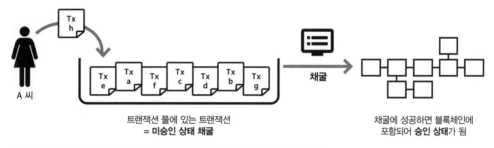

모든 트랜잭션은 먼저 트랜잭션 풀에 저장되며, 채굴자가 승인했을 때 블록체인에 포함됨

합의 시간 지연 문제

생성한 트랜잭션을 트랜잭션 풀에 저장한 후 실제 **블록체인에 포함되기까지 적지 않은 시간 지연이 있다**고 설명했습니다. 이러한 합의 시간 지연 문제는 블록체인을 사용할 때 다양한 논란을 남깁니다.

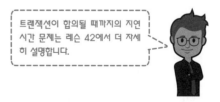

트랜잭션이 합의될 때까지의 지연 시간 문제는 레슨 42에서 더 자세히 설명합니다.

42 블록체인의 완결성 문제

블록체인은 종종 분기할 수 있습니다. 분기는 합의하지 않은 상태가 발생한 것입니다. 시간이 지나면 어떤 블록이 높아지느냐에 따라 체인을 선택하지만, 그 사이에 무엇을 해야 할지 생각해 보겠습니다.

뒤집힐 수 있는 합의

'블록체인에 기록 = 합의'로 여긴다는 것은 레슨 41에서 설명했습니다. 하지만 **블록체인이 '분기'한 상태**에서는 합의가 종종 뒤집힐 수 있습니다. 블록체인의 분기는 레슨 32에서 설명한 것처럼, 거의 같은 시점에 채굴을 완료한 상황 등에 발생합니다. 이때는 분기한 체인의 블록 높이로 어떤 체인을 선택할 때까지 잠시 기다려야 합니다.

예를 들어, 분산 합의 알고리즘으로 작업 증명을 선택했고 분기한 체인 중 하나라도 높은 블록이 있으면 연산량까지 고려했을 때 더는 합의를 뒤집기 어렵습니다. 만전을 기했을 때 비트코인은 약 블록 6개(블록 1개 생성이 약 10분이므로 약 1시간) 정도 생성되면 합의가 뒤집힐 확률은 천문학적인 값을 따질 정도로 매우 낮습니다.

그러므로 **블록체인은 완결성(Finality, 나중에 결제 무효가 발생하지 않음)이 없으므로 무의미하다**는 논란이 있습니다.

> 블록체인의 완결성 문제는 금융인에게 자주 지적받는 부분입니다.

합의가 뒤집혀도 개별 트랜잭션에 미치는 영향은 적음

동시에 채굴을 완료해 블록체인이 분기한 상황에서 트랜잭션 내용을 보면, 기록된 순서는 다를지라도 분기한 두 블록에 같은 내용이 모두 포함된 상태일 때가 많습니다. 이때 트랜잭션 생성자 대부분은 두 블록에 트랜잭션이 모두 포함된 상태이므로 분기 발생 상황을 가볍게 생각할 수 있습니다.

그러나 블록의 채굴자는 생각이 다릅니다. 분기의 선택은 코인베이스 트랜잭션으로 신규 발행한 암호화폐(예를 들어, 비트코인)가 자신의 것일지 다른 사람의 것일지 정해지는 순간이고, 어떤 선택을 하느냐에 따라 얻는 암호화폐량에 상당한 차이가 있습니다.

그림 42-1 트랜잭션이 분기된 두 블록에 모두 있는 상태

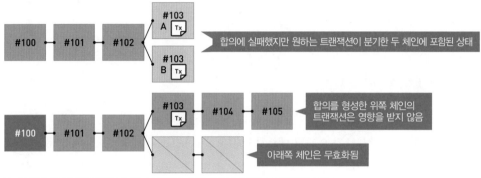

분기한 블록 모두에 트랜잭션이 기록되면 트랜잭션 자체는 분기가 발생해도 영향을 받지 않음

프라이빗 블록체인은 분기가 없는 구현도 있음

지금까지 살펴본 블록체인의 분기는 주로 불특정 다수가 참여하는 퍼블릭 블록체인의 분산 합의 알고리즘에서 발생합니다. 한편, 참여자의 수를 미리 아는 프라이빗 블록체인 또는 컨소시엄 형태의 환경에서 동작하는 분산 합의 알고리즘 기반의 블록체인은 분기를 어떻게 다룰까요? 두 가지 모두 경제적 보상을 주지 않고 다수결로 합의할 때가 많다는 특징이 있습니다. 따라서 블록체인을 분기하지 않고, 블록 1개마다 확실하게 합의를 형성한 후 블록을 이어 가도록 설계된 것이 많습니다. 즉, 실제로 '블록체인에 기록 = 합의'입니다.

프라이빗 블록체인은 변조하기 어렵다는 블록체인의 특성은 그대로이고, 합의 형성은 퍼블릭 블록체인의 합의 형성과 비교했을 때 분기가 발생하지 않으므로 합의 지연 시간 문제가 거의 없다는 장점이 있습니다.

43 트랜잭션의 순서를 보장하는 구조

블록체인에서는 먼저 전송한 트랜잭션을 반드시 먼저 처리한다는 보장이 없습니다. 이는 분산 시스템의 특징인데, 실제로 선착순에 따라 반드시 작업을 처리해야 하는 상황은 그리 많지 않습니다.

트랜잭션을 선착순으로 처리할 수 없는 이유

블록체인에서는 트랜잭션을 전송한 순서대로 기록하지 않습니다. 왜 겉보기에는 불공평한 일이 발생할까요? 몇 가지 이유가 있습니다.

블록체인은 트랜잭션을 보내는 상대(노드)가 누구든 상관없다는 구조입니다. 그런데 각 노드는 성능 차이도 있고, 노드가 연결된 네트워크의 통신 속도도 다릅니다. 또한 버킷 릴레이 방식이므로 트랜잭션을 보낸 상대의 위치가 먼 상황, 즉 같은 지역에 있는 노드와 지구 반대편에 있는 노드가 트랜잭션을 받는 시간에 차이가 발생할 수밖에 없습니다.

> 분산 네트워크는 순서를 보장하기가 매우 어렵습니다. 그러나 순서를 꼭 보장해야 하는 문제가 많은 편은 아닙니다.

기록 순서는 누가 먼저 채굴에 성공했는지가 중요함

블록체인은 많은 노드 중 하나가 트랜잭션을 기록합니다. 또한, 어떤 노드가 트랜잭션을 기록할지 알 수 없기도 합니다. 예를 들어, 비트코인은 채굴에 성공한 사람이 트랜잭션을 기록(블록을 생성)하는데, 다음에 어떤 사람이 채굴에 성공할지는 아무도 모릅니다. 다음 비트코인 채굴에 성공하는 사람은 당신 바로 옆의 노드일 수 있고 지구 반대편의 노드일 수도 있습니다.

또한, 어떤 노드가 채굴에 성공했을 때 어떤 트랜잭션을 기록할 것인지는 채굴자 마음입니다. 극단적으로 말하면 채굴자가 해당 트랜잭션의 수수료가 싸다고 생각해 이번에 기록하지 않겠다고 정할 수도 있습니다.

선착순으로 처리하지 못할 때 곤란한 점

선착순으로 처리하지 않으면 곤란한 상황은 무엇이 있을까요? 사람들은 일상생활의 모든 것을 선착순으로 처리한다고 일반화해 생각하는 경향이 있습니다. 하지만 곰곰이 따져 보면 꼭 선착순으로 처리해야 하는 상황이 그렇게 많지 않습니다.

예를 들어, 화폐를 송금하거나 어떤 물건을 택배로 보내는 일 등은 지정한 날짜에 처리하면 누구도 불만을 갖지 않습니다. 옆 사람보다 먼저 접수했으니 먼저 처리해 주지 않으면 불공평하다고 생각하지 않는 것입니다. 블록체인 역시 선착순으로 트랜잭션을 기록하지 못하는 것을 단점으로 여기지 않습니다.

선착순으로 처리해야 할 상황

꼭 선착순으로 데이터를 처리해야 하는 상황은 증권 거래, 이벤트 티켓 판매 등입니다. 즉, 이러한 상황에는 블록체인이 적합하지 않다는 결론을 내기 쉽습니다. 하지만 '선착순 관리'를 실행하는 별도의 서브 시스템을 연결해 블록체인을 도입해도 괜찮습니다.

구체적으로 하이퍼레저 패브릭(Hyperledger Fabric)이라는 블록체인 시스템이 있습니다. 이는 '카프카(Kafka)'라는 메시지 중개 서비스와 연결해 트랜잭션의 처리 순서를 보장합니다.

분산 네트워크 환경에서 순서를 보장하는 기술

네트워크 엔지니어라면 분산 네트워크 환경에서 순서를 보장하는 것이 얼마나 어려운지 쉽게 이해할 것입니다. 그러나 실제 비즈니스에 블록체인을 적용할 때 처리 순서를 꼭 보장해야 할 때도 있으므로, 블록체인의 장점을 활용하면서 처리 순서도 보장하는 방법을 생각해야 합니다. 이때 방금 소개한 하이퍼레저 패브릭처럼 순서를 보장하는 기능을 갖춘 메시지 중개 서비스와 블록체인을 연결하는 편입니다.

메시지 중개 서비스는 노드의 처리 순서를 보장하려고 '파티션(Partition)'이라는 관리 영역에 처리할 노드 순서를 저장합니다. 단, 파티션이 단일 장애점이 된다는 지적이 있습니다. 물론, 대책이 있습니다. 예를 들어, 카프카라면 '네트워크 앙상블(Network Ensemble)'이라는 상호 감시

기구를 구성해 단일 장애점이 생기지 않도록 합니다. 해당 노드가 정지하는 등의 사고가 발생했을 때 대체 노드를 즉시 선택해 처리를 지속합니다.

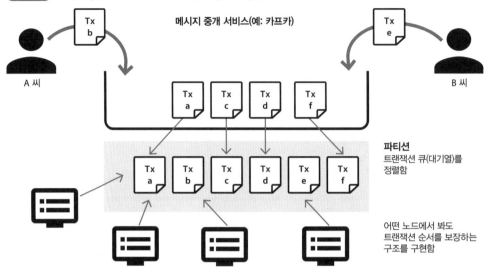

그림 43-1 메시지 중개 서비스로 처리 순서를 보장하는 방법

하이퍼레저 패브릭은 트랜잭션 풀에 모인 트랜잭션을 카프카의 파티션으로 정렬함

블록체인에 기록하기 전, 순서를 정리하는 개념입니다.

타임스탬프를 활용해 순서 증명

순서를 반드시 보장해야 할 업무 중 실시간으로 결과를 반환할 필요가 없는 것도 있습니다. 예를 들어 순서는 보장해야 하지만 결과는 나중에 알려줘도 상관없는 업무라면, 약간의 지연 시간이 있더라도 트랜잭션의 타임스탬프 순서에 따라 처리 순서를 정하면 됩니다. 기존 데이터베이스를 사용하는 것보다 투명하고 공정하게 선착순으로 처리되었음을 보장할 수 있습니다.

블록체인의 합의 형성은 시간이 지나면서 서서히 견고해지는 특성이 있으므로, 즉시 처리 결과를 내야 하는 상황이 아니라면 결과의 무결성을 얻습니다.

시각 인증 기관 활용

타임스탬프는 각 컴퓨터가 독자적으로 관리하는 시계가 아닙니다. 시각 인증(Time Stamp Authority, TSA) 기관이 협정 세계시(Universal Time Code, UTC)와 비교했을 때 오차가 밀리세컨드(1/1000초, ms) 이하임을 보장하는 시각 기록입니다. 여러 시각 인증 기관에서는 지속적으로 오차를 감시하는 구조를 만들어 조직에 제공하는 정확한 타임스탬프 토큰이 있습니다. 이를 트랜잭션 안에 포함해 전자 서명을 하면 트랜잭션의 생성 시각을 증명할 수 있습니다.

예를 들어, 이벤트 티켓을 선착순으로 판매하거나, 특허를 부여할 권리(먼저 특허를 제출했음)를 증명할 때는 타임스탬프가 상당히 효과적인 수단입니다. 트랜잭션을 미리 전달한 후 선택 결과는 일정 시간이 지나서 발표해도 괜찮기 때문입니다.

> 블록체인과 시각 인증(TSA) 기관을 함께 활용하면 '전자 정부 보존법'에 규정된 국세 정부의 전자 기록 저장 요건을 충족할 수 있다고 생각합니다.

44 블록체인 변경 불가성을 보장하는 구조

블록체인에 블록의 구조와 체인의 구조가 있음은 쉽게 이해할 것입니다. 여기에서는 두 가지 구조가 실제 어떤 형태인지 살펴보고, 왜 변경 불가성(Immutability)을 보장하는지 설명합니다.

트랜잭션의 구조

블록의 구조를 이야기하기 전에 블록 안에 저장되는 트랜잭션의 내용이 어떤 구조인지 알아야 합니다. 예를 들어, 비트코인의 트랜잭션은 UTXO, INPUT, OUTPUT으로 거래 내용을 기록한 데이터입니다. 그림 44-1 은 대략적인 트랜잭션 구조를 나타낸 것입니다.

그림 44-1 대략적인 트랜잭션 구조

▶ **버전 정보**
▶ **INPUT**
 • 입력 수
 • UTXO를 포함한 트랜잭션 ID(해시값)
 • UTXO의 인덱스(몇 번째의 OUTPUT을 사용하는가?)
 • 송신자의 전자 서명과 공개 키

▶ **OUTPUT**
 • 출력 수
 • 송금하는 암호화폐 금액
 • 송금자 지갑 주소
 • 반환하는 암호화폐 금액
 • 암호화폐를 반환할 지갑 주소

트랜잭션 파일의 해시값
= **트랜잭션 ID**

레슨 39와 40에서 소개한 송금 구조 그림을 자세히 설명하고 있음

블록은 많은 트랜잭션을 모은 것

비트코인의 각 트랜잭션은 수백 바이트 정도의 용량입니다. 모든 트랜잭션은 블록 안에 포함되어 영구적으로 저장합니다.

그런데 수억 개에 달하는 트랜잭션을 처음부터 검색하는 작업은 효율이 매우 나쁠 것입니다.

따라서 각 트랜잭션의 해시값과 해시값에서 만든 트랜잭션 ID를 인덱스로 삼아, 인덱스 하나에 문서 하나만 연결하는 키-값 스토리지(Key-Value Storage, KVS)에 저장합니다. 그럼 각 트랜잭션을 빠르게 검색해 접근할 수 있습니다.

검색 효율이 좋은 트리 구조 만들기

키-값 구조의 트랜잭션 ID 여러 개를 SHA2-256의 해시 함수로 여러 번 연산하는 상황을 생각해 보겠습니다. 이 반복 연산을 그림으로 나타내면 트리 구조의 형태입니다.

이 트리 형태의 데이터 구조는 '이진 트리(Binary Tree) 구조' 혹은 '머클 트리(Merkle Tree) 구조'라고 합니다. 또한, 트리 구조의 뿌리에 해당하는 부분을 '머클 루트(Merkle Root)'라고 합니다. 머클 루트를 해시 함수에 넣어 얻은 값은 트리에 포함된 모든 트랜잭션에 의존성이 있는 해시값으로 블록 헤더에 영구히 기록됩니다.

방금 설명한 트리 구조는 트랜잭션 내용의 조작을 어렵게 만들며, 모든 트랜잭션을 검색할 때 유용합니다. 단순히 리스트를 계속 검색하는 구조와 비교했을 때 데이터가 커져도 검색 속도가 거의 같다는 장점이 있습니다.

그림 44-2 머클 트리의 구조

Tn ⋯ 트랜잭션
H ⋯ SHA2-256 해시

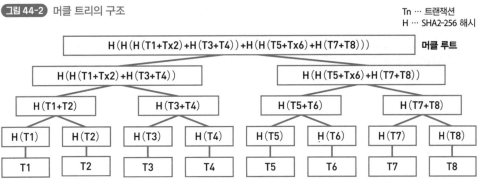

아랫부분의 트랜잭션 2개(T1과 T2, T3와 T4 등)를 해시 함수에 넣어 연산하면, 맨 위의 머클 루트값은 블록에 포함된 모든 트랜잭션을 대상으로 의존성을 지님

블록의 구조

이번에는 블록에 포함된 정보를 살펴봅시다. **블록은 크게 '블록 헤더'와 '트랜잭션'으로 나눕니다.**

블록 헤더에는 블록의 버전 정보, 바로 전 블록 헤더의 해시값, 해당 블록에 포함된 트랜잭션의 머클 루트 해시값, 블록이 생성되었을 때의 타임스탬프, 블록을 채굴할 때의 난이도, 블록을 채굴할 때 주어진 논스가 포함되어 있습니다. 트랜잭션에는 '해당 블록에 포함된 트랜잭션 수'와 '서명된 트랜잭션 데이터'가 해당 블록에 포함된 트랜잭션 수만큼 있습니다.

그림 44-3 블록의 대략적인 구조

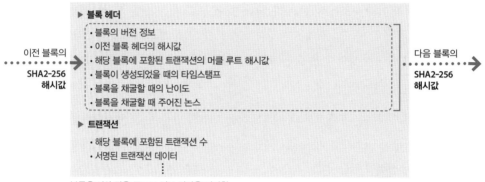

블록은 이와 같은 구조로 정보 각각을 저장함

블록체인에 물리적 체인은 없음

그림 44-3 에는 블록과 블록을 연결하는 체인 같은 선을 넣었습니다. 이는 블록 헤더에 참조하는 해시값이 기록된 논리적 체인을 설명하는 것이지, 실제로 물리적 체인이 있는 것은 아닙니다. 마찬가지로 트랜잭션의 머클 루트를 나타내는 해시값도 실제 트랜잭션 안에 트리 형태로 저장되지 않습니다. 논리적으로 트리 모양이라고 가정하고 루트에 해당하는 해시값만 헤더 부분에 저장하는 것입니다.

트랜잭션만 순서대로 저장되었다면 물리적 트리 형태의 데이터 구조가 아니라도 머클 루트의 해시값에서 트리 분기 지점의 해시값을 연산할 수 있습니다.

해시의 복잡한 연쇄가 변경 불가성을 보장함

블록체인에 저장되는 데이터는 해시값 형태입니다. 따라서 데이터 변조가 발생하거나, 정상적인 트랜잭션의 저장 순서가 하나라도 잘못되면, 해당 블록 이후에 포함된 모든 해시값이 일치하지 않습니다.

따라서 단방향 해시 체인의 무결성을 유지하면서 블록체인에 잘못된 처리가 있는 트랜잭션을 고의로 포함하는 작업은 천문학적으로 무수히 많은 연산을 시도해도 불가능합니다.

> 블록체인의 변경 불가성은 모든 트랜잭션과 블록에 의존성이 있는 해시 체인 구조를 만들어 구현했습니다.

▌원 포인트 블록체인에 블록이 정말 필요한가요?

블록체인의 데이터 구조가 논리적인 개념이라면 '블록체인에 꼭 블록이 필요한가?'라는 생각이 들 것입니다. 블록체인에 블록이 필요한 이유는 블록체인의 발전 과정과 연관이 있습니다. 예를 들어, 처음 퍼블릭 체인을 구현할 때 고안한 합의 방식은 암호화폐 발행 단위를 구분하는 블록의 개념이 필요했습니다. 여러 네트워크에 데이터를 공유할 때 데이터를 패킷 단위(블록)로 구분하는 것이 구조를 이해하기 쉽다는 점도 블록이 필요한 이유입니다. 참고로 블록이 필요한 본질적인 이유는 한 방향을 참조하는 해시값의 체인 구조와 반복 참조하지 않는 해시 체인 구조를 유지해 변경 불가성을 보장하려는 것입니다.

그런데 고도로 분산되어 확장성이 높은 분산 원장 기술이라면 블록 구조가 걸림돌이 됩니다. 실제로 블록 구조가 없는 분산 원장 구현이 데이터를 효율적으로 처리할 가능성이 높아 앞으로는 블록체인의 구현이 변할 것으로 생각합니다. 실제 비트코인의 확장성 문제는 블록 구조가 오히려 단점으로 작용하는 예입니다. 따라서 저자는 블록체인이 분산 원장 기술을 구현하는 방법의 하나일 뿐이라고 생각합니다.

45 복사해도 괜찮은 디지털 화폐 '암호화폐'

디지털 화폐는 복사를 막을 수 없습니다. 그래서 블록체인은 자유롭게 화폐를 복사하는 대신 화폐 사용 권리를 제어하는 구조를 만들고, 사용 내용을 분산 환경에 있는 세계 유일의 원장으로 관리하는 개념을 도입했습니다.

디지털 화폐의 복사를 어떻게 막을까?

모든 정보를 0과 1만으로 나타내는 디지털 데이터는 물리적 손상이 없는 완전한 사본을 얼마든지 만들 수 있습니다. 이는 IT의 발달이 가져온 큰 장점입니다.

그런데 금융 등의 분야에 IT를 이용할 때는 이러한 장점이 단점으로 변합니다. 즉, 단순히 화폐를 디지털 데이터로 나타내면 화폐를 얼마든지 복사해 늘릴 수 있는 상태가 됩니다.

인터넷 발전 초기에 이미 암호 기술과 이메일을 이용해 화폐를 유통하는 아이디어를 생각했습니다. 당시 여러 은행에서 연구와 실험을 거듭했지만, 결국 화폐 복사를 막는 방법을 고안하지 못해 실용화에 실패했습니다.

그러나 블록체인은 처음부터 '복사 방지'라는 발상을 무시하고, 복사하더라도 암호 기술로 사용 권한을 제어한다는 방법을 선택해 문제를 해결했습니다.

'화폐 복사를 막는다'는 접근 방식 대신, '화폐를 자유롭게 복사하더라도 사용 권리를 제어한다'는 접근 방식을 선택한 것은 콜럼버스의 달걀과 같은 개념입니다.

'화폐 사용자'를 암호 기술로 한정함

블록체인은 노드끼리 트랜잭션을 복사해 버킷 릴레이 방식으로 전 세계에 배포합니다. 이는 사람의 화폐 유통 방식과 비슷합니다. 그래서 블록체인으로 화폐를 유통하겠다는 아이디어가 나온 것입니다.

그럼 블록체인의 화폐는 왜 복사해도 상관없을까요? 이는 블록체인에서 유통하는 디지털 화폐의 명칭을 <u>암호화폐</u>라고 한 이유과 밀접한 연관이 있습니다.

디지털 데이터인 트랜잭션은 많이 복사하더라도 상관없습니다. UTXO(화폐 잔액)를 이용해 (송금과 지급에 사용하는) 다음 트랜잭션을 만들려면, 공개 키 암호의 공개 키(지갑 주소)에 대응하는 비밀 키(합법적인 전자 서명을 할 수 있어야 함)가 있어야 합니다. 즉, 트랜잭션을 복사하는 것만으로는 아무 의미가 없습니다.

여기서 핵심은 송신자가 암호화폐의 수신자를 정한다는 것입니다. 이는 송신자가 딱히 의식하지 않더라도 수신자의 지갑 주소를 정하면 암호화폐 사용자를 한정하게 된다는 의미입니다.

그림 45-1 트랜잭션은 복사해도 상관없음

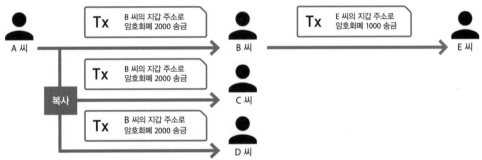

B 씨의 지갑 주소에 대응하는 공개 키에 전자 서명할 수 있는 사람은 B 씨임. 따라서 C 씨와 D 씨는 해당 트랜잭션을 복사하더라도 아무것도 할 수 없음

전 세계에 하나뿐인 원장을 분산 환경에서 관리하기

블록체인은 디지털 화폐의 복사 방지라는 문제를 무시한 상태로 전 세계에서 교환하는 트랜잭션을 분산해서 관리하는 원장을 구현했습니다.

<u>분산해서 관리하는 원장</u>은 변경 불가성 구조의 블록체인 안에 트랜잭션을 포함시켜 분산 네트워크에 참여하는 노드 모두가 공유하는 상태라고 할 수 있습니다. 사실 이해하기 어려운 설명입니다. 그래도 여기까지 이 책을 읽었다면 어렴풋이 이해할 것이라 믿습니다.

46 이중 송금 문제와 대책

블록체인을 이용할 때의 문제 중 하나로 이중 송금(Double Spent)이 있습니다. 이는 크게 보면 블록체인에 트랜잭션을 도입해 해결했다고 볼 수 있지만, 오프라인 가게 결제 등 즉시 지급이 필요한 상황에서는 아직 문제가 남아 있습니다.

블록체인 시스템의 잠재적 문제

레슨 44에서 설명한 것처럼 블록체인 안에 기록되어 합의를 형성한 트랜잭션은 사실상 나중에 변경할 수 없습니다. 그리고 합의 형성 상태가 되기까지 상당한 시간이 걸린다는 점이 블록체인 시스템이 해결할 큰 과제라고도 설명했습니다.

일반적인 데이터베이스 시스템에 기록하는 정보는 기록된 시점에 즉시 유효합니다. 하지만, 블록체인은 블록을 계속 연결해 확률적으로 변경 불가능성이 견고해진 상태여야 해당 정보가 유효합니다. 이 사실만으로는 블록체인이 일반적인 데이터베이스보다 유용하지 않다고 생각할 수 있습니다.

그러나 블록체인에 기록된 데이터는 기록한 당사자조차 바꿀 수 없으므로 변경 불가능성이 필요한 정보를 저장할 때는 굉장히 유용합니다. 즉, 권한만 있으면 언제든지 수정할 수 있는 일반적인 데이터베이스와 근본적으로 설계 사상이 다릅니다.

블록체인은 일반적인 데이터베이스와 비교했을 때 기록한 데이터를 아무도 바꿀 수 없으므로 손상되지 않아야 하는 정보 저장에 이용합니다. 해당 조건이 필요하지 않다면 블록체인 사용을 고집할 필요가 없습니다.

Chapter 6

비즈니스 현장에서 블록체인을 어떻게 운용하는가?

블록체인에 한 번 기록된 데이터는 누구도 바꿀 수 없습니다. 심지어 트랜잭션이 블록체인에 포함되기 전 시점에 데이터를 조작하는 것도 부정행위입니다. 자주 있는 부정행위는 블록체인에 포함되기 전 시점에 트랜잭션을 복사해 재사용하는 것입니다. 화폐 거래라면 지갑 잔액이 감소하지 않은 상태로 화폐를 송금하는 개념과 같습니다.

물론, 일정 시간을 기다리더라도 트랜잭션 기록(지급 내용)을 승인했는지 확인한 후 결제 금액을 지급하도록 블록체인을 운용하면 이런 부정행위가 일어날 여지가 없습니다. 그러나 오프라인 가게 등에서 일정 시간을 기다린 후 결제하는 상황이 발생한다면, 그 누구도 달가워하지 않을 겁니다.

그래서 오프라인 가게 결제 등에서 암호화폐로 결제할 때는 트랜잭션을 배포한 시점(트랜잭션 풀에 저장되었지만 아직 블록체인에 기록되지 않은 상황)에 지급을 승인하는 편입니다. 이를 제로 컨펌(Zero Confirmation)이라고 합니다.

그림 46-1 오프라인 가게에서는 '제로 컨펌'으로 지급을 승인함

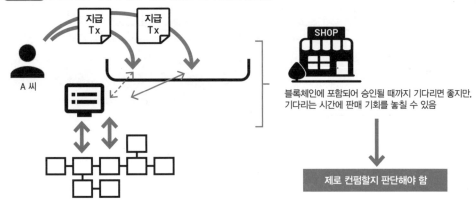

예를 들어, A 씨가 처음에 보낸 트랜잭션이 승인되지 않으면, 수수료를 높여 다시 트랜잭션을 보내는 상황과 같은 UTXO를 사용한 트랜잭션(그림에서는 '지급 Tx') 여러 개가 트랜잭션 풀에 저장될 수 있음. 이때 RBF라는 태그가 붙은 트랜잭션을 우선 처리함. 하지만 오프라인 가게가 받은 트랜잭션을 우선 처리하지 않으면 나중에 결제가 취소될 수 있음. 이것이 바로 이중 지급 문제임. 트랜잭션이 승인될 때까지 기다리는 것이 현실적이지 않다면 제로 컨펌을 도입해 결제를 승인해야 함

암호화폐 결제가 가능한 실제 오프라인 가게는 드물기 때문에 암호화폐 교환 업체의 결제 서비스를 이용해도 좋습니다. 교환 업체가 위험을 감수하고 즉시 결제를 승인합니다.

RBF의 장단점

레슨 43에서 블록체인은 보통 트랜잭션의 순서를 보장하지 않는다고 했습니다. 비트코인은 어떤 트랜잭션을 기록할지 채굴자(채굴에 성공한 사람)가 마음대로 정합니다. 그럼 수수료가 낮게 설정된 트랜잭션은 블록체인에 포함되지 않는 상황이 벌어집니다.

비트코인은 이러한 상황을 해결하는 방법으로 'RBF(Replace By Fee)'라는 프로토콜을 도입했습니다. RBF는 나중에 수수료를 높게 설정한 트랜잭션을 전송해 먼저 보낸 트랜잭션을 취소하는 것입니다.

그런데 제로 컨펌을 도입한 곳에 RBF 프로토콜도 사용할 수 있다면 의도적인 이중 지급이 가능합니다. 트랜잭션 풀에서 선택되지 않는 특정 트랜잭션을 구제하려고 고안한 방식이 오히려 문제를 일으키는 것입니다.

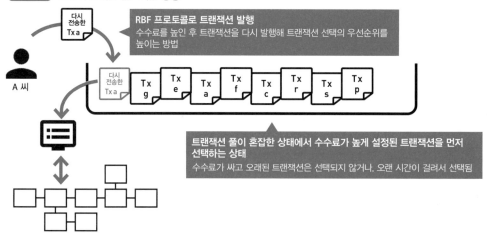

그림 46-2 RBF가 문제를 일으키는 상황

수수료를 높인 트랜잭션인 '다시 전송한 Tx a(RBF 프로토콜 이용)'를 전송해 트랜잭션 풀에서 해당 트랜잭션을 우선적으로 선택하게 만듦

RBF는 문제점이 있으므로 사용이 꺼려질 수도 있습니다. 하지만 트랜잭션 풀이 혼잡할 때 효율적인 트랜잭션 선택을 유도하므로 상황에 맞춰 사용해야 할 프로토콜입니다.

제로 컨펌의 약점 보완하기

제로 컨펌 때문에 발생할 수 있는 이중 지급을 확실하게 막으려면 원칙적으로 트랜잭션이 블록체인에 포함될 때까지 기다려야 합니다.

다시 강조하지만, 오프라인 가게 결제 등에서는 10분 혹은 1시간씩 결제를 기다릴 수 없습니다. 그래서 제로 컨펌으로 승인하는 상황을 허용합니다. 이때 가게 주인 등은 당연히 이중 지급의 문제를 아는 상황이고, 실제로 가끔 피해가 발생합니다. 하지만 이중 지급으로 받는 피해보다 즉시 지급하는 장점이 크다고 판단해 제로 컨펌을 허용합니다.

블록체인은 시간이 흘러 블록체인의 트랜잭션 승인이 확실해지면 이중 지급된 사실을 나중에라도 확실히 알 수 있습니다. 따라서 전체 참여자가 이중 지급 등의 부정행위를 저지를 확률은 낮은 편입니다. 즉, 지속해서 피해를 볼 확률도 낮습니다.

또한 부정행위로 입을 피해 가능성을 미리 고려해 보험을 드는 방법도 있습니다. 피해가 발생했을 때 보험으로 손실을 보상받는 것입니다.

> 완전무결한 시스템은 전 세계 어디에도 존재하지 않습니다. 중요한 것은 어떤 단점이 있는지 파악해 운용상 어떻게 보완할지 생각하는 것입니다. 기술적으로 보완할 수 없더라도 다른 보완 방법을 생각해 두어야 합니다.

▌원 포인트 '코다'라는 분산 원장 기술에 적용한 이중 지급 해결 방법

코다(Corda)라는 분산 원장 기술(블록을 만들지 않는 분산 원장 기술이므로 블록체인은 아님)은 UTXO를 사용할 때의 이중 지급 문제를 해결하려고 블록체인이 갖는 장점을 포기했습니다. 이중 지급을 전문적으로 확인하는 기술을 분산 원장 기술의 하위 시스템으로 사용하는 '분산 단일성 서비스(Distributed Uniqueness Service)'를 적용한 것입니다. 지금까지 사용하지 않은 UTXO라는 사실을 즉시 감지해서 상대방에게 알리므로 트랜잭션 승인을 기다리지 않아도 트랜잭션에 이중 지급이 발생하지 않았음을 알 수 있습니다.

UTXO의 심오함

UTXO는 암호화폐 거래를 기록할 뿐만 아니라, 재산 가치의 변화 내용을 기록할 수도 있습니다. 이해를 돕고자 '카레라이스 5인분을 만들 때의 UTXO'라는 예를 소개합니다.

모든 거래 내용을 UTXO로 나타내는 미래 사회

카레라이스 5인분을 만들 때의 UTXO도 암호화폐 거래를 기록하는 것처럼 INPUT과 OUTPUT의 합이 같은지 파악해야 합니다. 즉, 원재료부터 제품 유통까지 질량 보존의 법칙에 따라 거래 내용의 균형과 연속성을 기록하는 것입니다. 하지만 화폐의 미사용 잔액과 물건의 재고는 차이점이 있습니다. 물건에는 감가상각과 유통 기한 등의 수명이 있으므로 어떤 시점에 거래 내용을 기록하는지에 따라 이후 가치에 차이가 생깁니다. 아직 문제점과 해결할 부분이 많은 것입니다.

그림 46-3 카레라이스 5인분을 만들 때의 UTXO

카레라이스 5인분을 만들 때의 UTXO

INPUT	OUTPUT
야채 저장고의 양파	냄비 안 카레
1개	5인분
야채 저장고의 당근	야채 저장고의 당근
1개	0.5개
야채 저장고의 감자	냉장고의 돼지고기
2개	200g
냉장고의 돼지고기	식품 창고의 카레 루
400g	4조각
식품 창고의 카레 루	공기 중 수증기
8조각	50cc
수돗물	
500cc	

카레라이스 2인분을 주는 UTXO

INPUT	OUTPUT
냄비 안 카레	접시 1에 담긴 카레
5인분	1인분
밥솥의 밥	접시 2에 담긴 카레
1000g	1인분
	냄비 안 카레
	3인분
	접시 1에 담긴 밥
	200g
	접시 2에 담긴 밥
	200g
	밥솥의 밥
	600g

세상의 모든 거래 내용은 UTXO로 나타낼 수 있음

카레라이스와는 다른 예도 있습니다. 발전소에서 변전소와 배전반을 거쳐 전기를 가정에 보낼 때의 전력 전송 내용(열 방출 포함) 기록을 UTXO으로 나타내는 것입니다. 지금까지 일반적인 전력 소비에서는 눈치채지 못했던 재미있는 사실을 발견할 수 있을지도 모릅니다.

CHAPTER

7

스마트 계약의
계약 집행 구조
이해하기

스마트 계약은 당사자가 없어도 계약의 합의 내용을 자동 실행하는 구조입니다. 이 장에서는 사회에 큰 영향을 줄 수 있는 스마트 계약의 구조를 살펴보겠습니다.

Lesson　[스마트 계약]

47　합의 내용을 자동으로 실행하는 '스마트 계약'

스마트 계약은 블록체인 네트워크를 실행하는 연산 기능이 있는 프로그램입니다. 여러 사람이 합의한 내용(계약)을 당사자가 없어도 자동으로 실행하는 기능을 구현한 것입니다.

계약을 자동으로 실행하는 방법

'스마트 계약(Smart Contract)'은 1997년에 닉 재보(Nick Szabo)가 제안한 개념입니다. 직역하면 '똑똑한 계약'이며, 좀 더 구체적으로 설명하면 자동으로 계약을 실행하는 프로그램입니다. 사토시 나카모토의 비트코인 논문보다 약 10년 전에 발표되었습니다. 물론 블록체인이 등장하기 전이었습니다.

닉 재보는 스마트 계약의 정의를 설명하면서 자동판매기를 예로 들었습니다. 이러한 정의에 따르면 자동판매기와 같은 원리로 동작하는 웹 기반 전자상거래 사이트와 아이템에 과금하는 스마트폰 게임도 스마트 계약에 포함됩니다.

> 블록체인의 스마트 계약은 전문가에 따라 정의의 해석이 다른 편입니다. 저자는 닉 재보의 생각과 비슷하게 자동 계약 실행을 포함하는 넓은 개념을 '스마트 계약'으로 생각합니다.

현금 거래도 계약 중 하나

왜 자동판매기가 '스마트 계약(자동 계약 실행)'인지 이해하지 못하는 사람도 있을 것입니다. 원래 자동판매기는 현금을 넣으면 상품이 바로 나오므로 어디에 '계약'이라는 개념이 있는지 생각할 시간도 없는 것입니다. 자동판매기가 왜 스마트 계약의 예인지 이해하려면 '계약의 정의'를 확실히 할 필요가 있습니다.

야채 가게나 슈퍼 등 소매점은 화폐로 내가 사고 싶은 물건을 삽니다. 이를 '계약'이라고 의식하지 않겠지만 암묵적인 계약 행위입니다. 즉, 소매점에서 물건을 살 때 화폐 지급과 동시에 물

Chapter 7

건을 받을 수 있는 이유는 손님도 점원도 '가치(화폐·상품)의 이전에 관한 합의 ≒ 계약'이라는 사실을 암묵적으로 동의했기 때문입니다.

닉 재보는 이렇게 여러 사람이 합의한 내용(계약)을 사람이 없어도 자동으로 실행하는 방법을 '스마트 계약'으로 정의했습니다.

그림 47-1 닉 재보의 스마트 계약 정의

사람이 없어도 계약 내용을 자동으로 실행하는 방법을 스마트 계약이라고 함. 사람과 사람이 만나는 매매 행위는 스마트 계약이라고 할 수 없지만, 자동판매기의 예처럼 사람과 기계 사이의 매매 행위는 스마트 계약이라고 할 수 있음

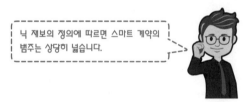

닉 재보의 정의에 따르면 스마트 계약의 범주는 상당히 넓습니다.

블록체인의 스마트 계약

닉 재보의 정의라면 인터넷이나 기계를 이용한 상거래 대부분은 스마트 계약입니다. 어떤 지갑 주소에서 다른 지갑 주소에 암호화폐를 보내는 간단한 거래도 '스마트 계약'이라고 할 수 있습니다.

그러나 이러한 예는 너무 넓은 정의라서 스마트 계약의 의미를 제대로 파악할 수 없습니다. 그래서 블록체인에서는 계약 성립의 필요 조건이 기록된 거래 내용이 변조하기 어려운 상태로 블록체인에 기록되었으며, 거래 내용에 적힌 조건이 충족되면 자동으로 성립하는 트랜잭션을 스마트 계약이라고 정의합니다.

즉, 지갑 A에서 지갑 B로 암호화폐 사용 권리를 이전하는 단순 거래는 스마트 계약이 아닙니다. 하지만 합의 일주일 후 제삼자의 이의 제기가 없을 때 지갑 A에서 지갑 B에다 일정량의 암호화폐 사용 권리를 이전하는 트랜잭션은 스마트 계약입니다.

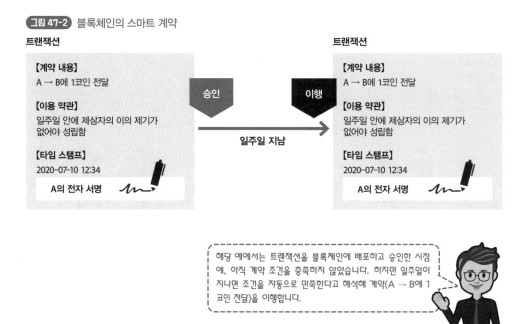

그림 47-2 블록체인의 스마트 계약

퍼블릭 체인 vs. 프라이빗 체인

스마트 계약을 활용한 업무 시스템 구현을 고려할 때로 한정하면 퍼블릭 체인과 프라이빗 체인 중 어느 쪽이 더 좋은지 논의할 필요가 거의 없습니다.

스마트 계약을 구현한 블록체인의 대표적인 예인 이더리움은 철저한 탈중앙화에 기반을 두고 설계했습니다. 그런데 실제 업무 사용이라는 전제로 블록체인 도입을 고려하면 대부분 프라이빗 체인을 선택합니다. 이는 폐쇄적인 시스템을 만들려는 의도 때문에 발생하는 결과가 아닙니다. 업무 특성을 고려했을 때 폐쇄적인 시스템을 선호하는 것일 뿐입니다.

예를 들어 **그림 47-3** 에서 소개하는 시스템의 특징 중 2개 이상이 해당되면, 퍼블릭 체인이 아닌 프라이빗 체인을 선택하는 것이 시스템 효율 향상에 도움을 줍니다.

그림 47-3 업무에 따라 고려해야 할 시스템의 특징

- 여러 구성원이 공동으로 사용한다는 전제를 둔 시스템
- 참여하는 구성원의 업무에 따라 각각 다른 입장과 역할이 있는 시스템
- 참여하는 구성원의 업무 각각을 자동 실행하는 시스템
- 참여하는 구성원에게만 전달해야 하는 가치와 정보(문서)를 다루는 시스템

여기서 소개한 특징 중 두 가지 이상을 고려해야 한다면 프라이빗 체인의 시스템 효율이 높은 것임

특히, 끝에서 3개에 해당하는 시스템의 특징은 정보 보호, 참조 제어, 고속 처리 같은 요구 사항이 필요하므로 퍼블릭 체인을 사용할 이유가 낮습니다.

또한 처음에는 소규모 프라이빗 체인을 구축했는데, 커뮤니티가 활성화되고 전 세계에 참여자가 생기면 해당 체인이 사실상의 표준이 될 수도 있습니다. 그러면 프라이빗 체인의 구조지만 퍼블릭한 성격이 필요할 수도 있습니다.

불특정 다수의 참여자를 상정하거나, 어떤 가치를 발행하고 싶거나, 정보를 공정하게 감사해야 한다는 요구 사항이 있는 업무라면 프라이빗 체인을 주의해서 사용해야 합니다. 프라이빗 체인을 섣불리 선택하면 블록체인의 장점을 살리지 못합니다. 이때는 프라이빗 체인과 퍼블릭 체인을 '앵커링(Anchoring)'[26]이라는 방법으로 연결합니다. 프라이빗 체인에서 퍼블릭 체인의 특성을 간접적으로 사용할 수 있습니다. 실제 서비스를 제공할 시점이라면 이러한 하이브리드 시스템도 고려할 필요가 있습니다.

> 업무 특성에 따라 퍼블릭 체인과 프라이빗 체인의 장점을 조합해 이용하는 방법을 생각하기 바랍니다.

Chapter 7

---

26 **옮긴이** 프라이빗 체인에 기록된 데이터의 해시값을 주기적으로 퍼블릭 체인 안에 포함하는 것입니다.

[월드 스테이트]

48 복잡한 조건 분기를 포함하는 고급 스마트 계약

여기에서는 레슨 47에서 소개한 트랜잭션 기반보다 복잡한 조건 분기를 포함하는 스마트 계약을 소개합니다. 연산 가능한 합의 시스템 구축에 필요한 공통 관점과 필요한 환경이 무엇인지 살펴봅니다.

조건 분기를 포함하는 스마트 계약의 구현 방법

레슨 47에서 소개한 트랜잭션 기반의 스마트 계약은 시간이 지나면 자동으로 조건이 성립하는 것입니다. 그럼 좀 더 복잡한 조건 분기를 포함하는 스마트 계약은 어떻게 구현하면 좋을까요? 기본적으로 스마트 계약은 프로그램의 하나이므로 'OO라는 조건을 만족할 때 ××를 실행한다'는 조건을 구현하면 됩니다.

그림 48-1 스마트 계약을 만들 수 있는 블록체인과 기반 프로그래밍 언어

이더리움(Ethereum)

스마트 계약 개발 언어:
솔리디티(Solidity, 전용 언어), 파이썬(Python)

하이퍼레저 패브릭(Hyperledger Fabric)

스마트 계약(체인 코드) 개발 언어:
Go, 자바(Java)

R3 코다(Corda)

스마트 계약 개발 언어:
코틀린(Kotlin, 자바에서 파생된 언어)

스마트 계약은 개발용 프로그래밍 언어와 관계없이 바이트 암호화한 가상 머신에서 실행합니다. 합의에 영향을 주는 환경 의존성이 없습니다.

블록체인에 참여하는 노드가 공통으로 참고하는 합의 '월드 스테이트'

스마트 계약은 그림 48-1 에 소개한 프로그래밍 언어로 구현합니다. 구현한 스마트 계약은 블록체인에 저장하면서 바이트 코드라는 기계어로 변환합니다. 그리고 바이트 코드의 해시값을 바탕으로 만든 주소를 연결해 어떤 인자를 넣어 실행하는 함수처럼 만듭니다.

사용자가 해당 함수를 이용할 때는 스마트 계약의 주소에 함수의 인자를 전달하는 트랜잭션을 만들고, 자신의 전자 서명을 첨부해 블록체인 네트워크에 배포합니다. 해당 트랜잭션을 받은 노드는 설정한 인자를 바탕으로 가상 머신을 이용해 프로그램을 실행하고 노드 각각의 OUTPUT이 일치(합의)하면 블록체인에 기록합니다. 이러한 합의 결과를 <u>월드 스테이트(World State)</u>라고 합니다. 블록체인에서 참여자 전원이 참고하는 공통의 합의입니다.

스마트 계약의 합의 결과는 '월드 스테이트'라고 합니다. 블록체인에 기록되면 다른 스마트 계약과 공유합니다.

┃ 원 포인트 **스마트 계약의 일정한 실행 결과를 보장하는 가상 머신**

네트워크에 연결된 모든 컴퓨터가 같은 스마트 계약 프로그램을 일제히 실행할 때, 컴퓨터라면 당연히 결과가 같은지 검증할 수 있다고 생각할 것입니다. 그러나 쉽게 이뤄지는 작업은 아닙니다. 컴퓨터가 해석하는 언어('기계어'라고 합니다)는 CPU의 환경에 따라 바이트 코드의 해석이 다르기 때문입니다.

가장 알기 쉬운 예로는 정보 비트의 순서(엔디언, Endian)를 앞쪽과 뒤쪽 중 어디부터 세는지에 따라 결과가 다르다는 사실입니다. 따라서 이러한 차이를 평준화할 수 있도록 어떤 환경에서든 일정한 결과를 내는 가상 계산기를 만들어야 합니다. 이를 보통 가상 머신(Virtual Machine, VM)이라고 합니다.

┃ 월드 스테이트가 필요한 이유

스마트 계약은 네트워크 외부에 있는 정보를 자유롭게 불러올 수 없습니다. 예를 들어, 회사의 주식 가격을 기록한다면 '주식 가격을 기록하는 스마트 계약'에 종목과 주식 가격 정보 트랜잭션을 담아 블록체인 네트워크에 배포합니다. 모든 노드에서 이 트랜잭션을 블록체인에 기록하자고 합의하면, 해당 주가 정보는 블록체인에서 사용할 수 있는 정보로 인정할 것입니다. 이러한 외부 정보가 저장되는 곳이 '월드 스테이트'입니다.

스마트 계약은 모든 노드가 연산 결과에 서로 합의하는 구조입니다. 그럼 만장일치로 합의한 정보를 이용해야 한다는 원칙을 모두가 수긍할 것입니다. 만약 마음대로 외부 데이터를 참조해 연산해도 좋다는 규칙이 있으면, 결과가 정말 옳은지 아무도 보장할 수 없으므로 합의할 수도 없습니다. 따라서 스마트 계약은 파일 입출력, 외부 프로그램 실행, 외부 **API** 호출 등을 할 수 없습니다.

그런데 <u>스마트 계약 역시 프로그램</u>이므로 내부 정보만이 아니라 외부 정보까지 참조해 연산 결과를 도출해 내야 합니다. 이때 필요한 <u>블록체인의 저장 공간이 '월드 스테이트'</u>입니다.

그림 48-2 월드 스테이트는 모든 스마트 계약에 제공되는 정보

월드 스테이트를 어떤 관점에서 이해할 것인가?

월드 스테이트는 블록체인에서 동작하는 모든 스마트 계약이 참조하는 전역 변수라고 생각하면 이해하기 쉽습니다.

스마트 계약은 자유롭게 사용하는 프로그램이므로 어떤 기능이 무엇을 참조해 어떻게 동작할지를 각 스마트 계약이 알아서 정합니다. 따라서 비트코인 블록체인 뷰어처럼 특정 방식으로 나타내는 뷰어가 없습니다.

따라서 어떤 스마트 계약이 사용하는 월드 스테이트의 상태 변화를 보거나 모니터링하려면 각 스마트 계약에 맞는 전용 애플리케이션을 만들 필요가 있습니다. <u>이 애플리케이션을 이용해 트랜잭션에 필요한 변수를 설정하거나 얻습니다.</u>

월드 스테이트의 합의는 탈중앙화 조직이 필요하지 않음

스마트 계약과 월드 스테이트를 활용해 티켓을 사고파는 게시판을 구현했다고 생각해 봅시다. 이 게시판은 판매자, 구매자, 원하는 티켓 종류, 티켓 금액 등의 정보를 월드 스테이트에 저장합니다. 그럼 블록체인 네트워크에 참여한 사람 모두가 월드 스테이트를 참조해 해당 정보를 확인할 수 있습니다. <u>월드 스테이트를 참조한 다른 참여자가 자신이 거래할 상대방을 찾으면 계약을 자동으로 실행합니다.</u>

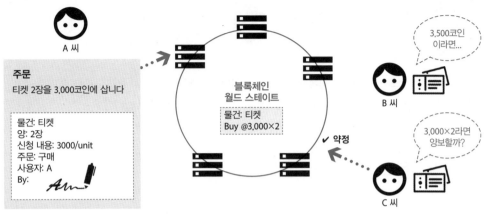

그림 48-3 월드 스테이트를 활용한 티켓 거래소의 예

A 씨

주문
티켓 2장을 3,000코인에 삽니다

물건: 티켓
양: 2장
신청 내용: 3000/unit
주문: 구매
사용자: A
By:

블록체인
월드 스테이트

물건: 티켓
Buy @3,000×2

✓ 약정

3,500코인
이라면...

B 씨

3,000×2라면
양보할까?

C 씨

트랜잭션(주문)을 작성해 월드 스테이트에 전송하면 다른 참여자가 계약을 자동으로 실행함

관리자가 없는 티켓 거래소의 자율 운영

앞서 설명한 티켓 거래소의 핵심은 <u>네트워크의 참여자가 특정 회사와 관계없이 게시판의 거래에 참여할 수 있다는</u> 것입니다. 즉, 관리자 없는 티켓 거래소가 자율 운영된다는 뜻입니다.

이러한 자율 분산 서비스 기반의 조직 운영을 '탈중앙화된 자율 조직(Decentralized Autonomous Organization, DAO)' 또는 '탈중앙화된 자율 회사(Decentralized Autonomous Company, DAC)'라고 합니다. 레슨 49에서 더 자세히 살펴보겠습니다.

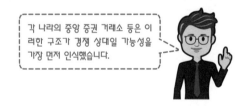

각 나라의 중앙 증권 거래소 등은 이러한 구조가 경쟁 상대일 가능성을 가장 먼저 인식했습니다.

Chapter 7

49 탈중앙화된 자율의 개념

레슨 48에서는 월드 스테이트를 공유해 자동으로 거래를 중개하는 스마트 계약 구조를 살펴봤습니다. 이러한 구조를 조직 규모로 발전시킨 것을 탈중앙화 자율(DAO/DAC)이라고 합니다.

조직 운영을 스마트 계약에 맡김

스마트 계약을 이용하는 조직 또는 회사를 소개할 때 'DAO' 또는 'DAC'라는 용어를 언급합니다. DAO와 DAC는 인간이 개입할 수 없는 컴퓨터 프로그램을 운영 기반으로 삼는 조직이나 회사를 뜻합니다. 조직의 규칙이나 계약을 조건 분기의 모음으로 만든 후, 스마트 계약으로 블록체인에 기록합니다. 그리고 필요한 상황마다 규칙이나 계약을 완전히 자동으로 실행하도록 만듭니다. 이렇게 함으로써 공평하고 합리적인 조직 운영이 될 것으로 기대합니다.

관리자 없는 스마트 계약에서 DAO와 DAC는 '코드가 법(Code is Law)'이라는 철학·사상으로 운영합니다.

코드가 법

코드가 법이라는 개념을 생각하게 된 이유는 스마트 계약 프로그램을 실행할 수 있는 블록체인인 이더리움(Ethereum) 때문입니다. '관리자 없음, 탈중앙화' 등의 아나키즘(Anarchism, 무정부주의) 슬로건이 많은 사람의 강한 지지를 받기도 했습니다.

전 세계에 흩어져 움직이는 이더리움 기반 스마트 계약은 어떤 국가에 속하거나 관리를 받지 않으므로, 스마트 계약을 운영 기반으로 삼을 때는 코드로 작성해 실행하는 것만 법으로 인정해야 한다고 주장하는 것입니다.

과연 그 주장은 현실적일까요?

'The DAO'는 2016년 4월, 이더리움 월드 스테이트에 등록된 다양한 DAO(투자 대상 후보)에 분산 투자하려는 목적으로 제안된 탈중앙화된 자율 조직입니다. 각 DAO가 얻은 지지율에 따라 투자금을 자동으로 분배하는 스마트 계약 프로그램이 핵심입니다.

실제 운영 전에는 이더리움의 암호화폐 ETH 기반으로 투자금을 모았고, 약 2주 동안 약 1,500억 원이 모였습니다. 그러나 투자금이 모인 직후 스마트 계약에 취약점이 발견되어 2016년 6월 17~18일 사이 투자금의 1/3에 해당하는 ETH가 특정 주소로 유출되는 사건이 발생했습니다. 코드가 법이라는 스마트 계약의 철학에 큰 의문을 던진 것입니다.

스마트 계약은 프로그램으로 구현한다는 장점이 있지만, 프로그램에 버그가 있으면 큰 피해를 본다는 단점도 있습니다. 또한, 블록체인의 변경 불가성 때문에 스마트 계약에 문제가 발생했을 때 바로 대응할 수 없기도 합니다.

> 불특정 다수가 참여하는 퍼블릭 체인은 스펙을 바꿀 때 합의 형성이 어렵다는 점을 잊어서는 안 됩니다.

▌스마트 계약의 철학 차이

프로그램 안에 버그가 포함되었다면 '버그를 포함한 코드를 법이라고 주장해야 할까?'라는 의문이 들 것입니다. 실제로 코드가 법이라는 철학에 의문이 있는 개발자는 많습니다. 또한, 본질적으로 사람의 실수를 막는 스마트 계약을 구현하기가 어렵다는 시각도 있습니다.

▌프로그램에 문제가 있으면 자연어로 작성된 계약서 참고

금융 기관에 스마트 계약 기반을 제공하는 R3의 코다는 볼트라는 데이터 저장 영역을 둡니다. 스마트 계약의 바이트 코드와 결합해 자연어로 작성된 일반 계약서와 사양서를 저장합니다. 프로그램에 문제가 발생했을 때 자연어 계약서를 참고해 해결하겠다는 생각입니다.

그림 49-1 스마트 계약의 철학 차이

이더리움

R3 코다

101
011

코드

코드가 법

vs.

101
011

코드

↔

계약서

사람의 실수

이더리움은 코드에 작성한 것이 법이라는 철학이 있음. 하지만 R3 코다처럼 사람은 실수하는 존재라는 철학을 반영하는 스마트 계약도 있음

> 저자는 R3 코다처럼 '사람의 잘못'을 염
> 두에 둔 스마트 계약이 현실적이라고 생
> 각합니다.

DAC와 DAO는 사용자의 행복을 추구하는가?

지금까지 소개한 DAC와 DAO를 긍정적으로 바라본다면 중개업자(관리자)가 필요 없어져 경제적 비용을 낮춘 사회가 형성될 가능성이 있습니다. 그럼 모두가 행복할 것으로 생각하는 사람이 많을지도 모릅니다.

분명히 디지털화한 정보를 유통해 모든 것이 끝나는 사례라면 모두가 행복할 것입니다. 그러나 우리 생활 대부분은 '재화'가 꼭 필요한데, 이는 결코 디지털화할 수 없습니다.

DAC와 DAO는 비용을 절감할 수 있는가?

유통 시스템은 보통 정보와 사실이 일치해야 한다는 목표하에 관리되고 있습니다. 예를 들어, 재화의 소유자와 재화 보관 장소 정보를 기반으로 실제 재화 소유자와 보관 장소를 확인할 수 있어야 합니다. 이러한 정보와 사실이 일치할 때는 DAC와 DAO를 이용해 유통 비용을 절감할 수 있습니다. 그런데 실제 유통 시스템을 운영할 때는 DAC와 DAO가 비효율적입니다. 이는 재화 소유자와 보관 장소 정보를 사실과 꼭 일치시킬 필요가 없기 때문입니다.

재화는 이동시킬 때마다 비용이 듭니다. 이때 재화 소유자와 보관 장소가 자주 바뀌면 많은 이동 비용을 소모하므로 비효율적입니다. 이런 상황에서는 대량으로 재화를 보관할 수 있는 사람이 재화 소유자가 되어 중앙화 형태로 유통 시스템을 관리하는 것이 효율적입니다. 즉, 재화를 꼭 이동시킬 필요가 없을 때는 소유자 정보만 바꾸다가 실제 재화를 이동시켰을 때만 재화 소유자 및 보관 장소 정보를 사실과 일치시키는 것입니다. 실제로 유통 비용을 많이 절감할 수 있습니다.

그림 49-2 최적화한 유통 시스템

재화 관리를 중앙화해서 얻는 비용 절감 효과로 소비자에게 재화를 싸게 공급함

> 유통 시스템은 중앙화해 관리하는 편이 유통 비용을 절감할 수 있습니다. 재화를 싸게 공급할 수 있으므로 소비자도 행복할 것입니다.

---

27 **옮긴이** 물류 센터에 입고된 상품을 수령하는 즉시 배송하는 시스템을 뜻합니다.
28 **옮긴이** 일본어로는 '소화사입(消化仕入)'이라고 하는데, 정확하게 한국말로 옮기긴 어렵지만 동의 조건부 판매와 가장 비슷합니다. 이 책에서는 실제 가게 등에서 재화를 판매했을 때 공급이 성립한다는 뜻입니다.
29 **옮긴이** 대량 출하와 소량 출하를 동시에 할 수 있도록 재고를 나눠서 효율적으로 보관 및 선택하는 것을 뜻합니다.

50 외부 정보를 참조해 움직이는 스마트 계약

여기에서는 스마트 계약에서 외부 정보를 불러오는 방법을 배웁니다. 자동으로 계약을 실행하는 환경
이라면 합의 형성에 필요한 정보 그 자체가 신뢰할 수 있는, 합의가 이루어진 정보여야 합니다.

블록체인은 외부 정보를 직접 사용할 수 없음

스마트 계약 안에서 조금 복잡한 조건을 처리할 때 블록체인 네트워크 외부에 있는 정보를 이
용하고픈 상황이 종종 있습니다. 예를 들어, 열기구 탑승권에 '비나 눈이 오지 않고 풍속이
5m/s일 때만 탑승 가능, 그 이외에는 취소'라는 조건이 있다고 생각해 보겠습니다. 이러한 탑
승권을 블록체인의 스마트 계약으로 구현하려면 '실시간 기상 데이터'를 외부에서 불러와야 합
니다. 이때 기상청 서비스에 자동으로 접근하는 프로그램을 만들면 기상 데이터 정보를 비교
적 쉽게 얻습니다.

그런데 스마트 계약은 의사 결정에 사용하는 정보가 모든 네트워크 참여자의 동의를 얻은 것이어
야 한다는 제약이 있습니다. 이 제약이 통상적인 프로그램과 스마트 계약의 가장 큰 차이입니
다. 이 예에서는 기상 데이터를 불러오는 프로그램을 구현한 후 '해당 데이터를 불러오는 합의
를 형성할 수 있는가'라는 문제를 해결해야 합니다.

> 스마트 계약은 자율 분산 네트워크 안 모두가 같은
> 조건에서 평가할 수 있는 정보(월드 스테이트)를 이
> 용해야 올바른 평가와 합의를 할 수 있습니다.

제삼자가 제공하는 정보를 참조하는 조건

레슨 48의 그림 48-3 에서 월드 스테이트를 활용한 티켓 거래소의 예를 소개했습니다. 여기서
티켓을 사고 싶다는 A 씨의 요청과 티켓을 팔고 싶다는 B 씨의 요청은 원래 블록체인 외부에 있
던 정보입니다.

Chapter 7

티켓 거래소 스마트 계약은 당사자의 거래 내용을 월드 스테이트에 기록할 것을 요구하므로 거래 내용에 문제가 없으면 기록할 수 있으며, 네트워크에 참여한 다른 사람들도 해당 거래 내용을 볼 수 있는 상태입니다.

하지만 '기상 정보에 따라 권리 행사'를 결정하는 열기구 탑승권 스마트 계약이라면 거래 당사자의 요청과 무관한 정보를 처리해 월드 스테이트에 등록해야 합니다.

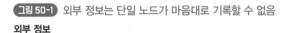 외부 정보는 단일 노드가 마음대로 기록할 수 없음

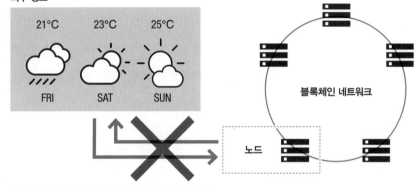

거래 당사자의 요청과 무관한 외부 정보를 기록할 수 없음

공공 기관의 정보라도 무작정 신뢰하지 않는 블록체인 시스템

기상청과 같은 공공 기관은 국가가 발표하는 자료에 신뢰성을 보장합니다. 하지만 분산 합의가 기본인 블록체인 시스템은 공공 기관의 정보도 합의하지 않은 제삼자의 정보로 취급하므로 직접 불러와서 이용할 수 없습니다. 잘못된 데이터일 가능성이 조금이라도 있다면 정보의 신뢰성에 영향을 미쳐 합의를 방해하는 원인으로 생각합니다.

제삼자가 제공하지만 신뢰할 수 있는 정보 '오라클'

블록체인에서 스마트 계약을 실행할 때 네트워크 외부에 있는 제삼자의 정보 모두를 신뢰하지 않는다고 하면 정말 아무것도 할 수 없습니다. 그래서 오라클(Oracle)이라는 개념이 등장했습니다(데이터베이스 시스템으로 유명한 오라클과는 관련이 없습니다).

오라클이라는 단어에는 '신의 계시'라는 뜻이 있습니다. 블록체인에서는 외부에서 블록체인에 불러온 정보 자체를 월드 스테이트(신의 계시)로 여기겠다는 뜻입니다. 방금 예로 든 기상 데이터도 오라클로 설정할 정보 중 하나입니다.

그러나 외부 데이터에 잘못된 정보가 섞여 있을 가능성이 있다는 사실을 꼭 기억해야 합니다. 즉, 오라클을 제공하는 개인 또는 조직은 완전히 신뢰할 수 있는 곳으로 엄선해야 합니다. 예를 들어, 공공 기관에서 제공하는 자료는 다양한 검증 방법이 있습니다. 그러나 일반 회사에서 제공하는 데이터는 감사 수단이 없으면 비교적 신중하게 이용해야 할 것입니다.

실용적인 애플리케이션(스마트 계약 포함)을 만들려면 결국 외부 데이터가 필요한 현실과 마주해야 합니다.

그림 50-2 오라클의 개념

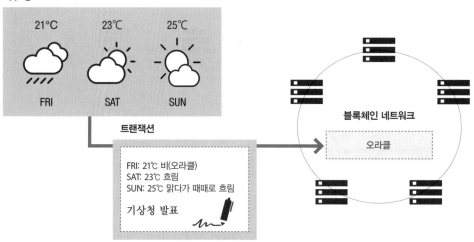

트랜잭션에 등록해 동의를 얻은 외부 정보를 '오라클'이라고 함

오라클은 블록체인 참여자가 결정

신의 계시라는 오라클을 블록체인의 참여자가 결정한다면 모순이라고 느낄 것입니다. 그런데 **스마트 계약은 오라클을 블록체인 참여자의 합의로 선택합니다.** 이러한 예 중 하나로 '예측 시장'이 있습니다. 미래에 일어날 만한 일을 몇 개 생각한 후 그중 어떤 것이 일어날지 예측합니다. 그리고 예측 결과가 어땠는지 검증한 것만 오라클로 삼습니다.

이는 오라클을 중앙화로 관리하는 데 반대하는 탈중앙화 진영의 제안으로, 오라클도 합의를 거쳐 사용해야 한다는 발상입니다.

예측 시장은 오라클을 개인의 생각이 아닌 합의를 거쳐 사용해야 한다는 아이디어입니다.

예측 시장을 이용한 오라클 사용의 단점

예측 시장은 구조상 예측 결과를 선택하는 기간과 예측 결과를 검증하는 기간이 있습니다. 나쁜 참여자들만 모이면 잘못된 예측 결과를 선택할 수도 있으므로, 예측 시장에서는 '평판'이라는 지표와 함께 예측 결과가 올바른지 검증해 참여자에게 보상을 줍니다. 잘못된 예측이라면 해당 결과를 되돌릴 구조를 만들고, 예측 시장의 운영 자체를 스마트 계약에 맡기는 등 철저한 탈중앙화 시스템 구축을 추구합니다.

단, 오라클이 확정되기까지 시간이 걸리므로 실시간 처리가 어렵다는 약점이 있습니다. 따라서 실제 비즈니스에 활용하는 데 괜찮을지 의심하는 사람도 있습니다.

> **│ 원 포인트**   **아직 발전해야 할 예측 시장의 실제 사례**
>
> 예측 시장을 어디에 활용해야 비즈니스에 유익할지 생각해 보더라도 쉽게 사례를 떠올리기 어렵습니다. 굳이 따지자면 친한 사람이 친목을 다지려고 즐기는 포커 게임 정도만이 실제 사례라고 할 수 있습니다. 예측 시장의 개념은 긍정적으로 활용할 수 있으므로 앞으로 실제 사례가 많이 생기도록 발전해야 할 것입니다.

기계가 스마트 계약을 이용할 때 발생하는 상황

지금까지는 사람이 스마트 계약을 이용하는 상황을 다뤄왔습니다. 그럼 기계가 스마트 계약을 이용하면 어떤 상황이 생길까요? 이는 미래에 일어날 SF가 아닙니다. 오히려 사람이 다루는 스마트 계약보다 자연스러운 상황이 생길 때도 많습니다.

시스템이 자율적으로 서비스를 제공하는 세계

스마트 계약이 발달한 사회를 상상하면 사람과 사람 사이의 거래보다 사람과 기계, 기계와 기계 사이의 거래 빈도가 높아질 것으로 생각합니다. 예를 들어, 사물인터넷(Internet of Things, IoT) 기기 모두에 블록체인 지갑이 연결되었다고 생각해 봅시다. 기계가 자율적으로 서비스를 제공하고, 그 보상을 사람이 지급하는 미래가 실현될 것으로 생각합니다.

그림 51-1 기계가 자율적으로 서비스 제공

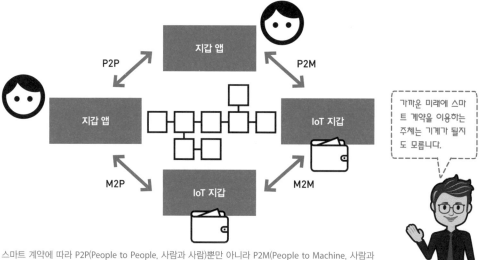

스마트 계약에 따라 P2P(People to People, 사람과 사람)뿐만 아니라 P2M(People to Machine, 사람과 기계), M2M(Machine to Machine, 기계와 기계) 거래가 일반화될 것임

시스템이 수집한 정보를 다른 스마트 계약이 이용

월드 스테이트에 기록한 정보는 해당 정보를 기록한 스마트 계약뿐만 아니라 다른 스마트 계약에서도 참조할 수 있습니다. 예를 들어, 사물인터넷 기기의 센서가 수집하는 데이터를 월드 스테이트에 지속해서 기록하는 구조를 생각해 봅시다. 그럼 전혀 다른 스마트 계약이 해당 데이터를 사용해 어떠한 계약을 자동 실행할 수도 있습니다.

스마트 계약이 다른 스마트 계약을 발전시킴

레슨 50의 열기구 탑승권 예에서 기상청의 기상 정보를 오라클로 사용하는 예를 살펴보았습니다. 그럼 센서가 발전해 센서 네트워크가 구축되고 센서에 스마트 계약의 지갑 기능이 포함되면 어떤 상황이 생길까요?

보통 해당 센서는 영리적인 목적을 갖고, 스마트 계약으로 지속해서 변하는 기상 정보(구름의 움직임, 온도, 습도, 바람의 강도와 방향, 일조량 등)를 월드 스테이트에 자동 기록합니다. 그리고 이를 이용하려는 다른 사람에게 보상을 요구할 수도 있습니다.

예를 들어, 센서 네트워크에서 수집한 데이터에 보상을 지급해 날씨를 예상하는 데이터를 만들어 역시 보상을 받을 목적으로 월드 스테이트에 기록하는 봇을 만들 수도 있습니다. 그럼 해당 봇이 등록한 날씨 데이터를 이용하고 싶은 사람이 다시 보상을 지급하는 등 서로 연결되는 거래가 발생할 가능성이 매우 높습니다. 즉, 기상청의 기상 데이터를 '오라클'로 사용하는 상황을 스마트 계약이 대체할 가능성도 있습니다.

회원에게만 유료 정보를 제공한다는 기존의 상식은 스마트 계약과 맞지 않습니다. 스마트 계약이 일반화되면 이러한 상식을 180도 바꿀 필요가 있습니다.

스마트 계약이 시각 기준으로 합의할 수 없는 이유

스마트 계약 안에서 시각을 다룰 때는 각 노드 운영체제의 시스템 시각을 참조하면 좋겠지만, 이를 월드 스테이트의 합의에 사용할 수는 없습니다.

보통 블록체인에 연결된 노드 각각은 레슨 23에서 설명한 네트워크 타임 프로토콜을 사용합니다. 이 네트워크 타임 프로토콜로 일정 시간마다 시각을 조정하므로 노드 각각이 관리하는 시각은 크게 차이 나지 않습니다.

그러나 애초에 스마트 계약은 시각조차 외부 정보입니다. 즉, 스마트 계약 안에서 시각을 기준으로 월드 스테이트를 업데이트하려면 외부의 시각 정보를 오라클로 사용하는 방법을 생각해야 합니다. 이때, 정말 정확한 시간을 다루려면 시각 인증(Time Stamp Authority, TSA) 기관이 발행하는 타임스탬프 토큰 사용을 검토해야 합니다.

스마트 계약이 아니라도 블록체인에서 시각을 다루는 작업은 까다롭습니다. 특히, 시각에 따른 트랜잭션의 순서를 어떻게 보장할 것인지가 항상 문제입니다. 블록체인은 분산 시스템이므로 노드에서 트랜잭션을 배포하는 시각의 차이가 있습니다. 즉, 모든 노드가 똑같이 트랜잭션의 도착 순서에 합의하기는 어렵습니다. 예를 들어, 주식 거래나 지정석 발권 시스템 등 완벽하게 선착순으로 처리해야 하는 상황은 현실적으로 블록체인 기술만 이용해 구현하기 어렵습니다.

그런데도 시각에 따라 트랜잭션의 순서를 보장해야 한다면 몇 가지 방법을 생각할 수 있습니다. 첫째, 단일 장애점이 생길 것을 각오하고 승인자 노드의 트랜잭션 풀에 데이터가 도착했을 때 어떤 순서를 보장하는 구조를 만드는 것입니다. 둘째, 클라이언트가 트랜잭션 안에 시각 인증 기관에서 얻은 타임스탬프 토큰을 포함한 후 이를 평가해 순서를 결정하는 것입니다.

> 실제 블록체인 기반 서비스는 주변의 지원 시스템과 함께 연결해 운용하는 편이 좋습니다. 그래야 블록체인이 본래의 역할을 충실히 수행할 수 있습니다.

CHAPTER

8

블록체인을
활용하는 세계
상상하기

이 장에서는 지금까지 배운 내용을 바탕으로 산업 및 서비스 분야에서 블록체인을 어떻게 활용할지를 자세히 살펴보겠습니다.

[암호화폐 거래소]

52 암호화폐를 교환하는 거래소

사용자에게 법정 화폐와 암호화폐 또는 암호화폐와 암호화폐를 교환하는 서비스를 제공하는 것이 암호화폐 거래소입니다. 일본은 전 세계에서 가장 빠르게 암호화폐 교환 사업 관련 법이 정비되었습니다. 때문에 암호화폐 거래소는 해당 법에 따라 라이선스가 필요한 사업으로 규제를 받습니다.

암호화폐 거래소의 기본 구조

암호화폐 거래소 중에는 '수수료 0%'라고 홍보하는 곳도 있습니다. 그럼 도대체 어디에서 이윤을 내는지 궁금할 것입니다. 여기에는 사용자에게는 알려지지 않은 여러 내용이 있습니다.

거래소에 표시된 가격은 보통 '팔고 싶은 사람이 제시한 것'과 '사고 싶은 사람이 제시한 것'이라는 두 종류가 있습니다. 이때 거래소는 이미 내부적으로 수수료를 추가한 상태로 두 가지 가격을 표시합니다. 따라서 사용자는 0%의 수수료로 거래한다고 느끼지만, 실제로 0%의 수수료로 거래하는 것은 아닙니다.

그림 52-1 수수료 0%의 거래소가 이윤을 내는 구조

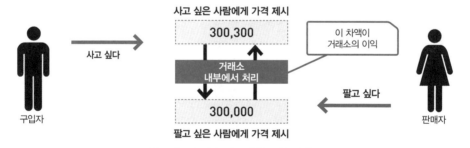

거래소 내부에서 수수료를 포함한 금액을 제시함

암호화폐 거래소는 1주당 거래 가격이 변하는 상장 주식 거래처럼 상대적인 관점에서 가격을 제시해 거래를 진행합니다. 따라서 거래소마다 제시 가격이 다를 수 있습니다. 이 차이에서 이익을 얻는 거래 방법도 있습니다.

암호화폐의 익명성은 정말 악용되는가?

암호화폐는 거래 내용이 모든 사람에게 공개되더라도 거래 당사자가 누구인지를 기록하지 않으므로 익명성이 높습니다. 그래서 돈세탁 수단이 된다고 생각하는 사람이 꽤 있습니다. 실제로 거래소가 활성화되지 않았던 시절에는 어떻게든 법정 화폐와 암호화폐를 직접 교환해 주는 사람을 찾아야 암호화폐를 얻었습니다. 이러한 거래 방법은 매우 비효율적이고 돈세탁 등에 악용될 위험이 있었습니다. 하지만 이제는 전 세계에 많은 거래소가 활성화되었고, 나라마다 관련 법규를 논의하고 있습니다. 일본에서는 인가를 받아야 거래소를 운영할 수 있도록 '암호화폐 교환업'이란 법을 만들어, 현재는 거래소에서 법정 화폐와 암호화폐를 교환하는 것이 일반화되었습니다.

암호화폐 거래소는 암호화폐 악용을 막는 수단

지갑 주소와 개인을 연결하는 것이 암호화폐 거래소입니다. 암호화폐 거래 유형 대부분은 어느 거래소에서 암호화폐 거래를 시작한 후 개인이 원하는 시점에 법정 화폐로 환전해 거래소 밖으로 나가는 것입니다. 도중에 별도의 다른 지갑을 거치는 과정이 있더라도 모든 거래소가 본인 확인을 게을리하지 않는다면 암호화폐의 흐름은 명확합니다.

여기까지 이 책을 읽었다면 블록체인은 모든 거래를 명확하게 기록한다는 점을 이해할 것입니다. 마운트곡스 해킹 사건도 지갑 분석 결과, 암호화폐 상당량이 BTC-e라는 불가리아의 거래소로 이동되었다는 사실을 확인했습니다. 또한, 일부는 마운트곡스 거래소로 재입금되었습니다. 이 재입금된 지갑 주소의 소유자를 찾으면서 진범이라고 생각되는 인물을 체포했습니다.

 **그림 52-2** 마운트곡스 사건에서 비트코인의 흐름

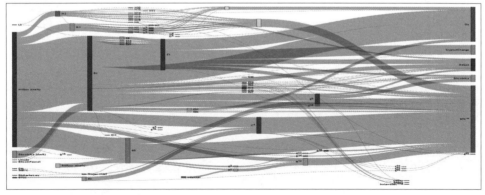

왼쪽에 위치한 마운트곡스부터 시작해 오른쪽으로 암호화폐의 흐름이 기록되어 있음. 오른쪽 끝 아랫줄이 BTC-e 거래소임
출처: WizSEC 「Breaking open the MtGox case」 – CoinFlow, https://blog.wizsec.jp/2017/07/breaking-open-mtgox-1.html

53 법정 화폐를 블록체인에 유통하는 방법

법정 화폐를 블록체인에 유통하는 것은 보통 법정 화폐와의 환율에 따라 교환한 암호화폐를 유통하는 것입니다. 여기에서는 블록체인을 사용했을 때 얻는 장점과 현재 진행 중인 새로운 전략을 소개합니다.

법정 화폐를 블록체인으로 다루려는 시도

법정 화폐를 디지털화해서 유통하려는 시도는 이미 여러 번 있었습니다. 예를 들어, 티머니 (T-Money) 등의 IC 카드에 현금을 충전해 사용하는 선불형 결제 시스템과 페이팔(PayPal) 등의 송금 결제 서비스도 그중 하나입니다.

이러한 서비스는 지정 기관의 책임 아래 고객 자산을 공탁, 보전, 분리 보관합니다. 그리고 실제 자산 거래는 데이터베이스 안에서 이루어집니다. 이러한 서비스를 블록체인으로 대체한다는 뜻은 법정 화폐에 준하는 토큰(레슨 54 '원 포인트' 참고)을 암호화폐 기술로 유통한다는 것과 같습니다. 또한, 은행 이외의 기관에서 이러한 서비스를 제공하려면 '전자금융거래법'에 규정된 요구 사항을 만족해 전자금융업자로 등록해야 합니다.

그림 53-1 디지털 화폐, 전자 화폐, 암호화폐의 차이

디지털 화폐	전자 화폐	암호화폐
정부가 발행. 발행자가 가치를 결정함	회사나 조직이 발행. 발행자가 가치를 결정함	회사나 조직이 발행. 시장이 가치를 결정함
예: 1원	예: 1원 = 1포인트	예: 1원 ≒ 1토큰

티머니(교통카드)와 같은 IC 카드에 현금을 충전하는 것은 해당 회사가 제공하는 전자 화폐를 법정 화폐로 사는 일입니다.

전자 화폐와 암호화폐는 가치를 결정하는 주체가 다름

블록체인에서 가치를 유통하는 방법

암호화폐를 법정 화폐처럼 유통할 때는 국가와 기업이 신뢰성을 보장해 유통하는 방법을 생각할 수 있습니다. 혹은 해당 암호화폐가 법정 화폐와 같은 가격임을 시장에서 인정받게 만드는 방법도 있습니다.

전자는 국가나 회사 중 누가 발행하느냐에 따라 법과 신뢰성에 차이가 있지만, 기술 기반은 같습니다. 후자는 암호화폐 기술로 어떻게 법정 화폐를 다루느냐에 관한 도전입니다.

그림 53-2 블록체인에 법정 화폐를 유통하는 방법

	디지털 화폐	법정 화폐를 뜻하는 디지털 자산	법정 화폐와 연결되는 암호화폐	선불형 지급 수단
발행자	중앙 은행·정부	회사	회사	회사
발행 업무 대리인	중앙 은행·정부	은행·전자금융업자	암호화폐 교환 업체	선불형 지급 수단 발행자
법률	한국은행법	은행법·전자금융거래법	전자금융거래법	전자금융거래법
발행 사례	발행 사례 없음	발행 사례 없음	발행 사례 없음	티머니 등
유통 형태	강제 통용력[30] 있음	발행인이 정함	발행인이 정함	발행인이 정함 (단순한 지급 용도)
가치의 증거	신용도	(은행) 보험 (자금 이동) 보전	분리 보관	보전(단, 50%)
지급 용도	○	○	○	○
송금 용도	○	○	○	×
현금 인출	○	○(파트너 은행 등)	△(법정 화폐로 환전 가능)	×

가치를 유통하는 데는 여러 가지 방법이 있으며, 제도나 기능이 각각 다름

암호화폐 기술로 법정 화폐를 다루려는 노력

디지털 토큰 'ZEN'이라는 프로젝트가 있습니다. 이는 암호화폐와 법정 화폐를 일대일로 대응하도록 만드는 것입니다.

ZEN 발행자는 미리 여러 암호화폐 거래소와 암호화폐를 교환할 수 있는 위탁 계약을 체결합니다. 그리고 어떤 사람이 신규 ZEN 발행을 요청하면, 해당 사람의 암호화폐를 받아 ZEN을 발행할 권리를 부여합니다. 이때 중요한 점은 1BTC = 3,000,000원이면 1BTC로 3,000,000 ZEN의 암호화폐를 발행하며, ZEN 발행자는 **1BTC를 실제 법정 화폐 3,000,000원으로 교환**해 둔다는 점입니다. 즉, 1ZEN = 1원이라는 환율로 교환하는 것입니다. 그리고 적당한 시점에 다시 거래소에서 법정 화폐 3,000,000원으로 1원당 1ZEN을 교환하도록 요청합니다.

이렇게 암호화폐와 법정 화폐를 교환하는 이유는 ZEN의 목적인 암호화폐와 법정 화폐의 일대일 대응 때문입니다. ZEN은 국가가 발행하는 법정 화폐를 디지털화한 화폐나, 기업이 발행하는 전자 화폐와는 다르므로 꼭 1원 = 1ZEN이라는 교환 가격을 고정할 수 없습니다. 그래서 암호화폐와 법정 화폐를 서로 교환하면서 1원 = 1ZEN이라는 비율을 최대한 유지하는 구조를 만들려는 것입니다.

---

30 **옮긴이** 법정 화폐가 법률에 따라 지급 수단으로 인정받는 효력을 뜻합니다. 한국은 한국은행권이 강제 통용력이 있으며, 돈을 받는 사람은 지급을 거절할 수 없습니다.

54 충성 고객 만들기와 현금 흐름 개선에 기업 화폐 활용하기

기업의 활동에 어떤 가치를 부여하려고 스스로 발행하는 것이 기업 화폐입니다. 기업 화폐는 다양한 형태로 발행되며, 우리 생활에서 빼놓을 수 없는 존재가 되었습니다. 이 기업 화폐를 블록체인에서 유통하는 사례를 살펴봅니다.

기업 화폐란?

기업 화폐(기업 토큰)는 기업이 비즈니스에서 사용하려고 발행하는 화폐(또는 토큰)입니다. 기업의 상품이나 ○○○원 상당의 서비스 등과 연결해 발행하며, <u>사용자는 회사의 신뢰를 담보로 가치를 교환합니다.</u> 전자 화폐나 쇼핑에 사용하는 포인트도 기업 화폐의 하나입니다. 기업의 결산 금액에 발행한 기업 화폐를 포함할 때도 있습니다. 법정 화폐와 비교했을 때 유통 범위가 제한되지만, 토큰을 발행해 용도에 따라 활용할 수 있다는 장점이 있습니다.

그림 54-1 기업 화폐(토큰)의 개념

| 회사 | 발행 → | 이용자·팬 등 | 이용 → | 상품·서비스 |

1포인코 · 5포인코

어떤 회사가 토큰 '포인코'를 발행해 자사 서비스 등에서 이용함

▌원 포인트 디지털 토큰

토큰은 '가치를 포함하는 매체'입니다. 구체적으로는 화폐뿐만 아니라 증권, 티켓, 스탬프, 포인트, 쿠폰 등을 뜻합니다. 이러한 가치를 디지털 데이터로 만든 것을 디지털 토큰이라고 합니다. 토큰에 설정하는 단위는 자유입니다. 예를 들어, **그림 54-1** 처럼 회사의 어떤 서비스에 사용하는 토큰 이름을 '포인코'라고 하고, 1포인코(토큰) = 3,000원이라는 단위를 설정해 사용할 수 있습니다.

회사의 충성 고객을 만드는 '토큰 광고'

블록체인에 유통하는 토큰은 추적 가능하다는 특징이 있습니다. 이 구조를 이용해 회사의 충성 고객을 늘리는 방법을 고민해 볼 수 있습니다. 예를 들어, 블록체인에 어떤 쿠폰을 발행한다고 생각해 봅시다. 이 쿠폰은 직접 사용할 수 있고, 친구에게 줄 수도 있습니다. 그리고 쿠폰이 필요하지 않은 사람이 받았다면 실제로 쿠폰을 사용하려는 불특정 다수에게 다시 줄 수도 있습니다. 이 특징을 활용하면 쿠폰을 영향력 있는 사람(인플루언서)에게 주고, 지인 중심으로 실제 쿠폰을 사용하고픈 사람에게 더 효율적으로 전달될 수 있습니다.

기업 화폐의 가치는 자유롭게 설정할 수 있음

기업 화폐는 법정 화폐와 반드시 일대일로 교환할 필요가 없습니다. 상품이나 서비스와 일대일로 교환하도록 자유롭게 설정해도 괜찮습니다. 예를 들어 어떤 서비스 이용료가 3,000원이면, 1토큰 = 3,000원으로 설정해 1토큰으로 서비스를 이용하도록 발행해도 좋습니다.

어떤 음식 프랜차이즈 체인에서 3,000원으로 매길 수 있는 점심 메뉴가 있다면, '런치'라는 쿠폰을 만들어 발행한 후 점심 메뉴를 5개 주문했을 때 15,000원 대신 '런치' 쿠폰 5개로 대신 계산할 수 있습니다.

공급 사슬로 기업 화폐 이용

제이펍에서 발행하는 기업 화폐 '제이펍 포인트'가 있다고 생각해 봅시다. 이는 제이펍에서 출간한 책을 공급받아 판매한 사람에게 정가 기준 20,000원당 1,000원에 해당하는 가치를 줍니다.

예를 들어, 정가가 30,000원인 책을 판매했다면 판매자에게 1,500원에 해당하는 제이펍 포인트를 자동 지급하는 것입니다. 이때 판매자가 책을 매입하는 금액이 정가의 절반 이상(15,000원 이상)이면 책 한 권을 판매할 때마다 한 권을 추가 매입할 수 있는 권리도 함께 부여합니다. 이와 같은 거래 방식에 기업 화폐를 도입하면 궁극적으로는 미수금이나 외상을 없앨 수 있습니다.

기업 사이에 거래를 시작할 때는 금융기관 등에서 돈을 빌리는 상황이 흔합니다. 그리고 현실적으로 중소기업은 돈을 빌릴 때 불리한 조건을 부여받을 때가 많습니다. 이럴 때 앞에서 소개한 것 같은 기업 화폐를 도입하면 돈을 적게 빌리는 상황이 생겨 공급 사슬(Supply Chain) 안 유통업체나 소매업체의 현금 흐름을 안정화할 수 있습니다. 물론 경영에도 많은 도움을 줍니다.

토큰 기반의 기업 화폐는 여기서 설명한 예 말고도 다양한 아이디어를 생각할 수 있습니다.

55 인바운드 경제 정책과 지역 경제 활성화에 지역 화폐 활용

지역 경제를 활성화할 목적으로 발행하는 것이 지역 화폐입니다. 지금까지 지역 경제 활성화의 효과적인 대처 방안으로 주목을 받았지만, 실제 성공 사례는 적습니다. 블록체인의 특징을 살린 지역 화폐라면 무엇을 할 수 있는지 생각해 봅시다.

지역 화폐

지역 화폐는 지방 은행, 상가(상공회), 지역 회사가 발행하는 화폐 대용 수단입니다. 해당 지역에서만 사용할 수 있으며, 기업 화폐처럼 발행자의 신뢰를 바탕으로 발행하는 것입니다.

지역 화폐를 발행하는 목적은 지역 경제의 활성화와 고용 촉진 등이 있습니다. 지역 경제를 활성화하려고 전통 시장 상품권 등을 발행하는 예와 비슷합니다.

그러나 전통 시장 상품권 등은 국가 세금으로 조성한 보조금을 기반에 두므로 현실적으로는 일시적인 지역 경제 활성화 방안에 머무를 때가 많습니다. 원래 지역 화폐는 국가 보조금 등을 재원으로 두지 않고도 연속성이 있는 지역 안 경제 활동 수단의 하나가 되어야 합니다.

 **그림 55-1** 토큰 기반의 지역 화폐 개념

특정 지역 안에서 발행한 후 모두 소비해 연속성 있는 에코 시스템을 형성함

지역 화폐는 국가 보조금 없이 지역 경제 안에서 자율적으로 운영(=이익 있음)하는 방식이어야 성공한다고 생각합니다.

인바운드 경제 정책 관점의 지역 화폐

인바운드 경제 정책 관점에서 지역 화폐의 활용 방법을 생각해 봅시다. 인바운드 경제 정책은 관광객 유치처럼 지역 밖에서 사람이나 재화를 불러들여 경제를 꾸리는 것을 뜻합니다. 이 개념을 지역 화폐와 연결한다면 <u>외부 고객에게 얼마나 매력적인 암호화폐를 제공하는지가 중요합니</u>다. 즉, '이 지역에 방문할 때 소유하면 이익이 있는 지역 화폐'여야 합니다.

예를 들어, 숙박업소에서 지역 화폐로 숙박권을 발행하면 숙박업소끼리 경쟁해 더 매력적인 숙박권을 발행하는 상황이 생길 수 있습니다. 결과적으로 관광객 증가로도 이어질 것입니다.

지역 경제 활성화 목적으로 지역 화폐 발행

해당 지역에 사는 사람들의 경제 활성화를 목적으로 지역 화폐를 활용할 수 있습니다. 예를 들어 상가에서 사용할 용도로 지역 상공회가 화폐를 발행하거나, 해당 지역에 기반을 둔 회사에서 운영하는 가게나 상품 등에 사용할 화폐를 발행하는 것 등이 있습니다. 이러한 사례는 <u>기업 화폐와 비슷하거나 같은 성격</u>이라고 볼 수 있습니다.

블록체인의 장점을 잘 활용하는 형태로 개수 기반 형태의 쿠폰(토큰)이 있습니다. 개수 기반이면 다른 사람에게 나눠주기 쉬우므로 선물, 홍보물 배포 등에 활용하면 좋습니다. 사용자와 발행자 모두에게 도움이 됩니다.

지역 주민의 고용 안정에 활용

기업이 인재를 모으고 싶을 때 급여를 선불로 줄 수 있다면 엄청난 장점일 것입니다. 이 급여 선불 지급을 암호화폐 기술로 실현할 수 있습니다.

실제로 1930년대 오스트리아 뵈르글에서 시행한 '노동 증명서(Free Money)'라는 사례가 있습니다. 가치가 감소하는 화폐인 노동 증명서라는 서류로 월급을 지급했는데, 오히려 지역 경제가 활성화되었습니다. 이 상황을 핀테크 기술로 구현하는 것입니다.

예를 들어, 일주일에 4%의 가치가 줄어드는 화폐로 급여를 지급한다고 생각해 봅시다(물론, 법적으로는 허용되지는 않습니다). 100만 원을 먼저 지급했다면 일주일 후에는 96만 원이며, 25주 후 0원이 됩니다. 줄어든 금액을 사용하려면 다시 은행(여기서는 지방 은행)에서 사용권(스탬프 토큰)을 사야 합니다.

사용하지 않으면 금액이 줄고, 다시 은행에 돈을 지급해야 줄어든 금액을 사용할 수 있다면 제한된 시간에 빠르게 돈을 사용하려는 것이 사람의 심리입니다. 이미 이러한 정책을 시행하면 통화 유동성이 몇 배로 늘어난다는 사실이 입증되었습니다.

예를 들어, 노동자 정책 등에서 지급하는 헬리콥터 머니(정부 등에서 보조금을 지급하는 정책)에 노동 증명서 사례를 활용하면 경제를 활성화하려고 지급한 보조금을 무조건 쓰려 할 것입니다. 결국 지역 경제 활성화에 이바지하게 됩니다.

56 증권 분야에 블록체인 기술 적용하기

증권 분야와 블록체인 기술은 궁합이 매우 좋습니다. 기존 증권 업무를 많이 간소화할 가능성이 높고, 이 분야에 관련된 직업 대부분이 없어질 가능성도 있습니다. 생존 전략을 진지하게 생각해야 할 정도입니다.

증권 분야와 궁합이 매우 좋은 블록체인

블록체인에서 꼭 암호화폐만 다뤄야 한다는 규칙은 없습니다. 재산상의 권리와 의무를 나타내며, 소유 이전이 가능한 증권 분야는 블록체인에 유통 기반을 구축했을 때 장점이 많습니다. 중앙 증권 거래소에서 주관하는 고속 거래 분야에는 아직 도입하기 어렵지만, 장외 거래(Over The Counter, OTC) 같은 상대적 거래라면 블록체인은 실제 거래 환경에 도입하기에 충분한 성능과 기능이 있습니다.

좀 더 쉽게 이해하도록 증권의 조정(Reconciliation) 업무 예를 블록체인으로 대체하는 상황을 살펴봅니다(**그림 56-1** 참고).

그림 56-1 블록체인 기술을 도입하면 사라질 수 있는 '조정 업무'

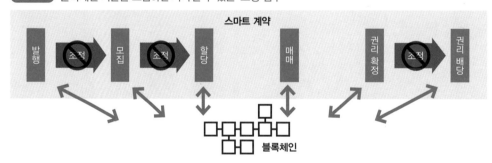

증권 업무는 발행에서 배당까지 분산 시스템 하나로 구축할 수 있음. 그럼 조정(Reconciliation) 업무는 사실상 없어짐

증권의 라이프사이클, 즉 증권이 발행되어 배당될 때까지를 블록체인으로 기록 관리하면 기존 분리되었던 업무 각각은 스마트 계약 하나로 대체할 수 있습니다.

블록체인에 증권 분야 인프라 구축

일본 거래소 그룹(JaPan eXchange group, JPX)은 블록체인에서 증권 거래가 가능한지 대규모 실험을 진행 중입니다. 어떤 블록체인이 좋은지를 선택하는 실험은 이미 완료했고, 컨소시엄을 만들어 실제 거래가 가능한지 확인할 것입니다.

실험에서 발견된 문제들은 컨소시엄에 참여 중인 IT 스타트업이나 대기업이 경쟁적으로 해결책을 연구하는 중입니다. 주식의 장외 거래와 크라우드 펀딩 분야는 블록체인의 실용화가 눈앞까지 와 있다고 해도 좋습니다.

블록체인에서 '법정 화폐' 유통하기

블록체인에서 증권 업무를 크게 간소화하려면 매우 큰 과제 한 가지를 해결해야 합니다. 바로 법정 화폐를 어떻게 다루느냐입니다. 이는 레슨 53에서 살펴본 내용, 즉 정부와 은행이 블록체인에 법정 화폐를 발행할 것인지가 크게 중요합니다.

만약 법정 화폐를 블록체인에 발행할 수 있다면 정말 엄청난 일이 벌어질 것입니다. 디지털 가치를 다루는 데 가장 중요한 동시 결제(Delivery Versus Payment, DVP)를 확실히 할 수 있기 때문입니다.

증권사가 나아갈 길

증권 업무는 발행, 모집, 할당, 매매, 배당까지 분산 네트워크에 구축한 시스템 하나로 구현할 수 있습니다. 그럼 증권사들이 정보를 쉽게 공유할 수 있으므로 업무 형태가 크게 달라집니다. 즉, 앞으로 증권 하나를 거래하면서 수수료를 받는 비즈니스는 거의 없어질 것이라 생각합니다.

증권 회사가 나아갈 길 중 하나로 펀더멘털(Fundamental, 투자 정보 제공)에 집중하는 것을 생각할 수 있습니다. 그럼 투자 자문 서비스나 투자 고문으로 일하는 사람 등이 중요해질 텐데, 이러한 부분은 인공지능이 대체할 것으로 예상하는 사람도 많습니다. 어떤 방향이든 업계 전체가 크게 바뀔 것은 확실하다고 생각합니다.

자문 업무를 중심으로 부가가치 높은 정보를 제공하는 것은 증권사의 강점일 것이라 생각합니다.

Chapter 8

[문서 관리]

57 증빙 서류의 보관과 디지털 문서의 원본 증명에 활용

블록체인의 변경 불가, 존재 증명, 위조 방지라는 특성을 살리는 분야로 증빙 서류의 보관과 디지털 문서의 원본 증명이 있습니다. 이러한 분야는 분산 스토리지 기술이 필수이므로 이를 함께 알아봅니다.

블록체인의 활용 폭을 넓히는 분산 스토리지 기술

지금까지 소개한 사례는 화폐나 증권처럼 수치를 나타내는 것이었습니다. 이러한 수치는 비교적 크기가 작으므로 권리의 이전이나 변경 등을 직접 기록할 수 있었습니다.

그런데 증빙 서류나 계약서 등의 스캔 이미지 같은 디지털 문서는 블록체인에 연결해 원본 증명이나 존재 증명을 하기 어렵습니다. 블록체인에서 제공하는 용량은 이러한 데이터를 다룰 수 없기 때문입니다. 이런 상황이라면 해시값만 블록체인에 기록하고, 원본 문서 데이터는 분산 스토리지 등에 별도 저장해야 합니다.

그래서 등장한 것이 콘텐트 주소라는 개념입니다. 텍스트 데이터, 이미지 데이터, 음성 데이터, 영상 데이터 등의 파일을 저장할 때 만든 해시값을 주소로 삼아 분산 스토리지 네트워크에 원본 문서를 논리적으로 배치하는 방법입니다.

실제로는 가용성을 높이려고 디지털 문서의 해시값과 가까운 순서대로 3개나 6개처럼 미리 정한 수만큼 디지털 문서의 원본을 복사합니다. 스토리지 환경의 해시값과 가까운 위치이더라도 물리적이나 지리적으로는 분산된 것입니다.

그림 57-1 콘텐트 주소와 분산 스토리지의 배치

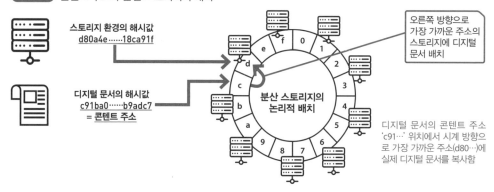

콘텐트 주소의 구조

콘텐트 주솟값은 해시값을 기반으로 생성되므로 콘텐츠 내용이 1비트라도 다르면 전혀 다른 주소를 할당한다는 사실을 기억해야 합니다. 그리고 해시값 정도의 데이터 용량은 블록체인에 기록하더라도 다른 사람에게 폐가 되지 않는다는 사실도 기억해 둡시다.

즉, 원하는 파일을 지정한 주솟값과 파일의 해시값이 같으면, 저장된 데이터가 원하는 파일임을 확신할 수 있습니다. 동시에 블록체인에 같은 값이 기록되었다면, 해당 콘텐츠를 가리키는 것입니다. 이 특징을 이용하면 블록체인에 포함되지 않은 데이터가 블록체인과 연관성이 있는지 알 수 있습니다.

정보 보호 기술을 사용하면 더 안전함

분산 스토리지에 저장하는 데이터가 꼭 원본 데이터여야 하는 것은 아닙니다. 예를 들어, 원하는 콘텐츠 파일에 '압축(Compression)', '암호화(Encryption)', '단편화(Fragmentation)'를 순서대로 실시한 상태를 정보 보호라고 합니다. 정보 보호한 데이터 각각은 정상적인 데이터가 아닌 (손상된 같은) 상태처럼 인식하므로 일반적인 방법으로는 복원할 수 없습니다.

정보 보호한 데이터를 다시 정상적인 원래 콘텐츠 파일로 만들려면 앞의 단계를 반대 순서로 실행하는 복원 과정이 있어야 합니다. 복원 과정은 단편화한 데이터와 복호화 키가 필요한데, 이때 소정의 토큰을 소유해야 합니다. 이런 방식으로 콘텐츠 파일의 접근 권한을 제어합니다.

그림 57-2 정보 보호와 복원의 접근 권한 제어

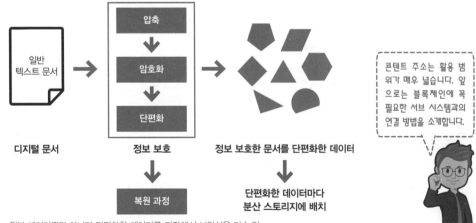

원본 데이터뿐만 아니라 단편화한 데이터를 저장해서 보안성을 더 높임

[보험 분야의 활용]

58 사물인터넷과 블록체인으로 크게 바뀌는 보험 분야

보험 분야에 블록체인을 적용하는 데 필요한 조건은 사물인터넷 기반 센서 네트워크의 보급입니다. 블록체인에서 증거 자료가 진짜임을 보장하는 수단으로 활용하기 때문입니다. 조건이 갖춰지면 보험료의 심사와 평가를 스마트 계약으로 자동 실행할 것입니다.

블록체인을 라이프 로그 보관에 활용

보험 계약은 보험률 등을 계산하므로 계약자의 건강 데이터와 행동 데이터를 검색하고 분석해야 합니다. 이때 가입자와 사업자는 매달 지급 및 책정하는 보험료가 적절한지 궁금할 것이므로 보험금 계산 근거가 중요합니다. 그렇다면 계산 근거가 명확하다고 서로 인정할 수단이 필요합니다.

블록체인에 기록한 데이터를 활용하면 계산 근거를 명확히 하는 데 도움을 받습니다. 예를 들어, 의료 보험의 건강 진단 데이터와 개인 데이터를 블록체인에 보관한 후 적절한 보험률을 설정해 스마트 계약에 연결하는 것입니다.

손해 보험이라면 자동차의 다양한 주행 로그 데이터를 블록체인에 기록합니다. 몇 km/h 속도로 주행했는지, 교통 규칙을 준수했는지, 운전자는 어떤 상태였는지 등의 책임 소재가 명확합니다. 또한, 증언과 행동이 다를 때 무엇이 진실인지 확인할 수 있습니다.

그림 58-1 라이프 로그 보관에 블록체인을 활용하는 예

자동차의 주행 데이터를 블록체인에 수시로 기록해 증거가 진짜인지 입증할 수 있음

블록체인에 실제 손해 데이터를 모아 재보험 계약에 활용

보험 사업자 등이 스스로의 사업 위험을 분산하려고 이용하는 것이 재보험입니다. 보험 사업자를 대상으로 재보험하는 사업자를 재보험 회사라고 합니다. 예를 들어, 대규모 재해 등이 발생하면 지급해야 할 보험금이 커져 하나의 보험 회사에서 해당 보험금 전체를 지급하지 못할 수도 있습니다. 그럼 지급하지 못할 차액을 다른 보험 회사(재보험)가 지급하는 것입니다. 큰 금액의 보험금을 지급해야 할 경우 손해의 심사와 평가가 복잡합니다. 이때 블록체인을 이용하면 실제로 어디에 어떤 손해가 있었는지를 오라클(레슨 50 참고)에 통합해 재보험 평가를 할 수 있습니다. 또한, 여러 사업자가 연관된 이해관계를 조정할 때도 공정하게 평가할 수 있습니다.

전자 의료 기록과 블록체인을 연결해 의료 보험료 책정 근거로 삼음

의료 보험도 정확한 사실을 평가하는 일이 중요합니다. 예를 들어, 전자 의료 기록과 진료 기록 카드를 연결한 후 카드 정보를 근거로 보험료를 평가할 수 있습니다.

보험에 계약할 때도 블록체인에 기록한 라이프 로그와 연결하면 보험 설계사는 더 적절한 보험을 제안할 수 있습니다. 결과적으로 보험 회사도 합리적인 보험료를 지급할 수 있으므로 보험에 가입한 사람에게 책정되는 보험료도 낮아질 것입니다.

미래의 보험 업계

블록체인이 사회적 인프라가 되어 라이프 로그 등의 개인 정보를 블록체인에 저장하면 데이터를 직접 관리할 수 있습니다. 자신의 개인 정보 데이터를 언제 누가 볼지도 관리할 수 있습니다. 이러한 개인 정보는 정보 은행이라는 형태로 관리하면서 검증과 실험이 이루어지는 중입니다.

보험 회사라면 계약자가 보험 계약 등에 개인 정보를 제공했을 때 어떤 혜택을 줄지 연구해야 할 것입니다. 예를 들어, 보험료가 저렴하거나 보상을 부여하는 등의 혜택을 만들면 계약자에게 이익을 주는 것이므로 계약자가 늘 것입니다.

인터넷 보험 사업자는 지금도 보험 설계사를 두지 않은 곳이 많습니다. 그러나 블록체인과 인공지능 기술을 활용하면 아예 보험 설계사 없이도 자신에게 맞는 최적의 보험을 쉽게 계약할 수 있습니다. 언젠가 보험 설계사의 존재 의미를 다시 생각해 보는 때가 올 것입니다.

증거가 진짜임을 보장하는 구조에 블록체인과 인공지능을 활용한 스마트 계약을 구현하면 보험의 존재 의미는 크게 변할 것입니다. 이러한 존재 의미를 다시 생각해 볼 일순위 업계 중 하나가 보험 업계입니다.

59 유통 상황 추적에 블록체인 활용

블록체인의 정보 추적 가능이라는 특징을 활용하는 산업에는 유통이나 무역 분야가 있습니다. 이는 소비자에게 안전함과 신뢰를 전할 수 있습니다. 유통과 무역 분야에 블록체인을 어떻게 활용할지 생각해봅시다.

유통 상황 추적에 블록체인을 이용할 때의 과제

유통은 많은 기업이 블록체인을 활용할 대상으로 주목하는 분야입니다. 생산자에서 소비자까지의 공급 사슬 안에서 유통되는 상품 흐름을 블록체인에 기록하려는 실험도 전 세계를 대상으로 진행 중입니다.

유통 분야는 어떻게 비용을 절감할지 항상 고민합니다. 그런데 유통 시스템에 블록체인을 적용한 후 유통 단계를 지속해서 추적하면 수수료 지급에 발목이 잡혀 오히려 유통 비용이 오르는 주객전도의 상황이 발생합니다. 따라서 유통의 중간 단계마다 추적 정보를 어떤 형태로든 외부에 기록하는 방법을 연구해 수수료 비용을 줄이도록 노력해야 합니다.

상품의 유통 단계 추적 사례

일본의 한 지역에서는 블록체인을 이용해 야채 유통 단계를 추적하는 프로젝트를 수행했습니다. 생산자의 야채 재배, 수확, 출하, 어떤 유통 경로로 소비자에게 전달되었는지 기록했습니다. 최첨단 프로젝트로 주목할 사례지만, 중간 과정이 매우 복잡하여 상용화할 수 있을지는 알 수 없는 상황입니다.

유통 상황을 추적할 때는 중간 운영 비용이 상품 가격에 얼마나 영향을 줄지 검토해야 합니다.

유통의 신뢰 보장

유통 시스템에 블록체인을 적용하면 유통 단계를 추적하기 쉽지만, 엄청난 비용을 들여서라도 모든 유통 단계를 추적할지는 꼼꼼하게 검토해야 합니다. 예를 들어, 고액 상품이나 사람의 목숨에 관한 상품이라면 비용을 들여서라도 모든 유통 단계에 블록체인을 적용해야 할 것입니다.

그러나 저렴하거나 중요한 상품이 아니라면 모든 유통 단계에 블록체인을 적용하는 것은 손해입니다. 이럴 때는 상품의 입하와 출하만 블록체인에 기록해 비용을 줄이면서도 유통 과정의 신뢰를 어느 정도 보장할 수 있습니다.

예를 들어, 제조업체가 만든 상품과 소매점이 받은 상품이 같은지 확인하는 과정에 블록체인의 기록을 이용하면 좋습니다. 이때는 제품 지문 기술을 활용합니다. 제품 지문 기술은 상품 하나를 만들 때 해당 상품을 식별(사람의 지문 같은)하려고 남긴 표식(돋보기 등으로 확대해서 확인할 정도로 작음)이 있는지 검사하는 것입니다. 이 표식을 블록체인에 기록해 같은 상품인지를 확인할 때 사용합니다.

그림 59-1 제품 지문 기술과 블록체인 기술을 활용한 상품 확인

제품 지문 기술   기록   블록체인

상품을 확대해 살펴볼 때만 알아볼 수 있는 표식 등의 특징 데이터를 블록체인에 기록해 상품이 같은지 확인함

> 상품 유통 과정에서 정품과 모조품을 바꿔치기하는 상황을 막는 방법으로 수요가 높습니다.

▌원 포인트   **제품 지문 기술**

제품 지문 기술은 상품을 만들 때 돋보기 등으로만 확인할 수 있는 표식을 남겨 해당 상품이 진짜인지 식별하는 것입니다. 최근에는 카메라 성능이 향상된 스마트폰으로 상품이 진짜인지 확인하는 기술을 개발 중입니다. 또한, 공장에서 만드는 상품뿐만 아니라 종이나 섬유, 인쇄물이 진짜인지 확인하도록 발전하고 있습니다.

60 온라인 게임에 블록체인 활용

온라인 게임에서 거래되는 아이템 등은 블록체인을 활용하기 좋은 분야입니다. 또한, 활발한 트랜잭션 때문에 블록체인 구현을 여러 분야에 적용하기 전 테스트한다는 잠재적인 용도가 있습니다.

온라인 게임의 블록체인 활용

MMORPG 같은 온라인 게임에서 무기, 방어 장비, 게임 안 화폐 같은 아이템은 서로 주고받을 수 있으며, 게임의 매력을 높이는 데 꼭 필요한 요소들입니다. 이렇게 게임 안에서 주고받는 모든 요소는 블록체인 기반 암호화폐로 나타낼 수 있습니다.

보통 온라인 게임의 아이템은 운영자 데이터베이스에서 관리합니다. 그렇다면 데이터베이스에 무단으로 접근해 아이템이 도난당할 가능성이 있습니다. 하지만 블록체인에서 아이템을 관리하면 기존의 방법보다 도난을 막기 쉬워집니다.

그림 60-1 블록체인 기반으로 아이템을 나타내는 구조

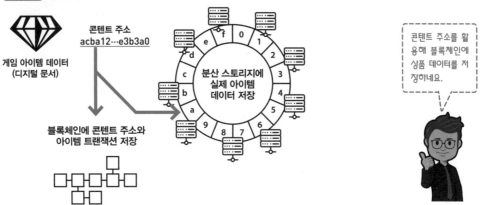

게임 인프라에 블록체인을 적용하는 이유

온라인 게임의 기반이 되는 네트워크를 구축할 때 블록체인의 강력한 분산 네트워크를 이용하면 좋습니다. 24시간 365일 중단되지 않는 시스템은 문제가 생겨도 쉽게 멈출 수 없으므로

점검이 어렵다는 단점이 있습니다. 그러나 보통 시스템을 중단하지 않아도 되면 인프라의 가동률이 높다고 평가할 수 있습니다.

블록체인은 미성숙한 부분이 많은 기술이라 실제 세계에 적용하려면 위험 부담이 있는데, 게임은 가상 세계이므로 위험 부담이 적어 블록체인 기술을 테스트하기에 안성맞춤입니다. 특히 MMORPG는 수천 혹은 수만 명이 동시에 접속하는 상황이 자주 있고, 어떤 문제가 발생했더라도 우리 삶에 입히는 피해가 없거나 적은 가상 세계입니다. 그래서 블록체인과 궁합이 좋습니다.

블록체인의 약점으로 확장성이나 성능 문제를 지적하는데, 실제 사회와 비슷한 환경에서 원하는 만큼 테스트를 반복하면 지금보다 더 높은 효율을 내는 블록체인 시스템을 만들 수 있습니다. 이때 게임이 도움을 줍니다. 즉, 실제 사회와 유사한 시스템을 게임으로 구현한 후 이를 테스트해 보자는 제안입니다.

게임 속 트랜잭션은 보통 높은 수치를 유지하는 편입니다. 특히 네트워크 게임은 여러 명이 모여 몬스터를 물리치는 이벤트가 자주 있는데, 그 순간에 발생하는 데이터양과 사용하거나 얻는 아이템 수는 증권 거래 시스템과 비교할 정도입니다.

게임 세계와 실제 세계 사이의 모호함

온라인 게임 안에서 사용하는 화폐는 블록체인 기술을 바로 적용할 수 있습니다. 그 외에도 게임 안에서 사용되는 장비나 우연히 얻는 아이템 등은 암호화폐(토큰)로 구현해 누가 해당 아이템의 소유자인지를 항상 관리할 수 있습니다.

그리고 가상 공간에서 가상의 돈을 주고받는 지갑 애플리케이션(=아이템 저장 시스템)을 만들면, 게임 안에서 얻은 아이템을 현실에서 거래할 수 있을 것입니다.

게임 안 아이템을 교환할 수 있는 암호화폐 거래소가 생기거나, 가상 공간에 만든 은행이 있더라도 이상하지 않은 날이 올 것이라 생각합니다.

61 콘텐츠의 DRM을 블록체인으로 구현

암호화폐는 소유자만 트랜잭션을 발행할 수 있는 블록체인의 장점을 활용하면 디지털 콘텐츠 유통에 필요한 DRM도 구현할 수 있습니다. 그러나 블록체인 고유의 기술만으로는 불가능합니다. 여기서는 콘텐츠 유통에 활용하는 블록체인 관련 기술과 문제점을 살펴봅니다.

블록체인에서 콘텐츠 관리하기

먼저, 블록체인을 사용해 콘텐츠를 관리할 수 있는지 생각해 봅시다. 블록체인은 단독으로 컨텐츠를 저장하기에 충분한 공간을 확보하기 어려우므로 전체 내용을 저장할 수 없습니다. 따라서 어떤 서브 시스템과 연결해야 합니다. 그래서 등장하는 것이 레슨 57에서 설명한 콘텐트 주소 기반의 파일 시스템입니다. 콘텐츠 자신의 해시값을 기반으로 주소를 만들고, 파일 이름 대신 주소를 사용해 데이터를 저장하는 개념입니다.

구체적인 구현으로는 모든 컴퓨터를 연결하려는 분산 P2P 파일 시스템인 IPFS(InterPlanetary File System)가 있습니다. 블록체인과 연결하기 좋은 것으로 유명합니다.

그림 61-1 암호화폐가 있는 사람만 다운로드와 재생 가능

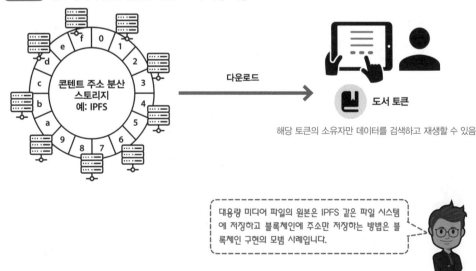

콘텐트 주소 분산 스토리지 예: IPFS

다운로드

도서 토큰

해당 토큰의 소유자만 데이터를 검색하고 재생할 수 있음

> 대용량 미디어 파일의 원본은 IPFS 같은 파일 시스템에 저장하고 블록체인에 주소만 저장하는 방법은 블록체인 구현의 모범 사례입니다.

디지털 권리 관리 구현이 가능한가?

디지털 권리 관리(Digital Rights Management, DRM)는 디지털 콘텐츠의 권리를 관리하는 시스템입니다. 누군가 어떤 내용을 보거나 읽을 권한을 관리하거나 제어하려고 만든 것입니다.

그러나 불행히도 기존의 DRM은 복사 방지만 신경 쓰는 경우가 많고, 권리를 관리한다는 본질적인 목적에는 충실하지 못합니다(권리를 관리한다는 목적에 충실하더라도 제조사마다 고유의 구조를 만들어 호환성이 없었습니다). 권리를 관리하는 DRM의 예로는 내가 산 콘텐츠를 다른 사람에게 빌려줄 수 있는 소셜 DRM이나 특정 계정 사용자라는 인증을 받으면 기기의 제한 없이 콘텐츠를 사용할 수 있는 페어플레이[31] DRM 같은 것만 존재했습니다.

그런데 **블록체인 기술을 활용하면 새로운 형태의 DRM을 구현할 수 있습니다.**

블록체인을 활용하는 DRM 구조

블록체인의 우수한 점 중 하나는 암호화폐 소유자만 모든 작업을 허가하는 구조를 구현할 수 있는 것입니다. 이 특징을 어떻게 DRM으로 연결할지 생각해 봅시다. 우선, 콘텐츠 주소 기반 파일 시스템을 활용하여 비밀 분산 스토리지를 구성합니다. **비밀 분산 스토리지는 파일을 압축, 암호화, 단편화해 분산 보관했다가 특정 암호화폐를 소유한 사람만 파일을 복원할 수 있도록 합니다.** 또한, 블록체인 기반의 도서 토큰을 주고받으면 권한도 이전하게 만듭니다. 예를 들어, 전자책 도서관에서 대여 기능을 구현할 때 블록체인 기술로 대응할 수 있습니다.

그림 61-2 도서관에서 전자책 대출

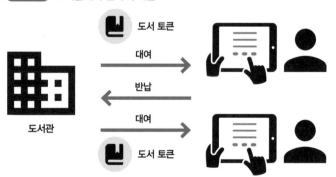

> 이러한 DRM은 다른 제조사에서 만든 DRM과 달리 복원 과정의 프로토콜을 공개해도 문제가 없다는 점이 핵심입니다. 단, 정말 구현하려면 전자책 리더 제조까지 고려해야 합니다.

도서 토큰을 반환하면 도서관에서 대여했던 전자책을 다시 읽을 수 없음

31 옮긴이 https://ko.wikipedia.org/wiki/페어플레이_(애플)

블록체인으로 새롭게 혁신하는 광고 기술

광고 분야에서는 전자 지갑끼리 배포한 암호화폐를 이전하거나 암호화폐의 유통 과정을 추적할 수 있는 블록체인의 특징을 마케팅에 활용합니다. 여기서는 블록체인의 마케팅 활용 방법과 그 외의 다양한 암호화폐 배포 노하우를 소개합니다.

블록체인 전자 지갑끼리의 가치 이전 방법

광고와 마케팅 분야도 블록체인을 활용하기 좋습니다. 예를 들어, 쿠폰, 우표, 포인트, 티켓, 개수 제한권 같은 상업적인 가치가 있는 것에 암호화폐 기술을 적용해 교환한다는 점만으로도 사용자에게 지금까지와 전혀 다른 광고 경험을 선사합니다.

지금까지 쿠폰을 발행해 배포했더라도 실제 가게에 방문할 생각이 없는 사람은 쿠폰을 사용하지 않았습니다. 하지만 블록체인이라면 쿠폰을 다른 사람에게 전달한 후 해당 쿠폰을 사용한 사람에게 보상을 받는 구조를 만들 수 있습니다.

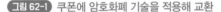

그림 62-1 쿠폰에 암호화폐 기술을 적용해 교환

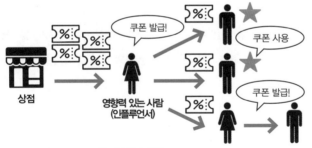

SNS 친구가 많은 등 사회에 미치는 영향력이 큰 사람(인플루언서)에게 쿠폰 배포를 위임할 수 있으면 효율적인 쿠폰 배포 네트워크를 구축할 수 있습니다.

쿠폰 형태로는 QR 코드 등을 생각할 수 있음

지갑 주소는 회원 가입이 필요 없음

블록체인에서 암호화폐를 다루는 지갑 주소는 특정 연산으로 누구나 만들 수 있습니다. 회원 가입 없이 지갑 주소를 만들 수 있다면 별다른 절차 없이 주소를 만들고, 해당 주소에 담긴 광고용 암호화폐를 배포할 수 있습니다.

이러한 부분도 블록체인이 광고 분야와 궁합이 좋은 이유입니다. 예를 들어, 사용자의 행동을 추적해 제휴형 보상 광고를 하고 싶은 상황이라면 큰 장점이 있습니다. 지갑 주소만 있으면 보상을 줄 수 있으므로 회원 가입을 유도할 필요가 없고, 굳이 자신의 이름을 알리지 않아도 영향력 있는 네트워크를 구축할 수 있습니다.

가게에서 스스로 배포한 암호화폐로 홍보

인그레스나 포켓몬 Go처럼 지도 위에 가치 있는 암호화폐를 보물로 제공한 후, GPS 기준으로 해당 위치에 도착하면 보물을 얻을 수 있는 '타카라(Takara)'[32]라는 AR 게임이 있습니다. 이런 게임을 고객의 홍보 수단으로 사용할 수 있습니다. 예를 들어, 바(Bar) 주인이 게임 지도상에 있는 자신의 가게에 암호화폐를 제공한 후 공지하면 암호화폐를 얻으려는 사람이 방문하는 것입니다.

암호화폐를 한꺼번에 많이 배포하는 기술

블록체인을 광고에 사용한다면 암호화폐를 한꺼번에 많이 배포할 일이 생길 것입니다. 이때 후지쯔의 FlowSign Light라는 기술과 커런시포트(CurrencyPort)의 Deals4[33]라는 기술을 조합해 대량 암호화폐 전송 기술[34]을 시연한 적이 있습니다.

이 기술은 가시광선에 ID를 포함시키는 FlowSign Light에 암호화폐를 배포하는 Deals4를 결합한 것입니다. FlowSign Light는 인간이 알 수 없을 정도의 미약한 변화에서 발생하는 스테가노그래피(Steganography)라는 데이터 은폐 기술을 기반으로 가시광선에 ID를 포함합니다. 이 기술을 응용해 CEATEC JAPAN 2016에서 핀테크 스탬프 랠리라는 이벤트를 진행했습니다.

기술의 활용 범위는 넓은 편입니다. 예를 들어, 야구장 등 수만 명의 관객이 있는 경기장 조명에 ID를 포함하면 그라운드를 촬영하는 것만으로 암호화폐를 받을 수 있습니다. 또한, TV 프로그램이나 광고처럼 수백만의 사람이 동시에 보는 영상에 ID를 포함하면 이를 촬영했을 때 암호화폐를 받을 수 있습니다. 물론, 많은 사람이 받을 수 있도록 암호화폐를 한꺼번에 배포했으므로 가능한 것입니다.

---

32 옮긴이 https://youtu.be/RGlhoFg8qHo
33 옮긴이 https://www.ccyport.com/service/deals4
34 옮긴이 https://pr.fujitsu.com/jp/news/2016/09/27.html

또한 이 기술은 시간, 장소, 빛의 종류 등을 제한할 수 있으므로 필요하다면 해당 장소에 있는 사람에게만 암호화폐를 줄 수 있다는 장점도 있습니다.

핀테크 스탬프 랠리는 블록체인을 활용할 때 서브 시스템과의 연결이 중요하다는 좋은 예입니다.

63 새로운 자금 조달 방법 ICO

새로운 암호화폐 자금 조달 방법으로 최근 주목하는 것이 'ICO(Initial Coin Offering)'와 '크라우드 세일 (Crowd Sale)'입니다. ICO는 다음에 소개할 사례와 많이 연관되므로 몇 가지 패턴을 소개합니다.

ICO

ICO는 회사가 블록체인 서비스를 구축하기 전 투자자들에게 암호화폐를 발행한다는 조건으로 초기 개발비를 투자받는 것을 뜻합니다. 한때 단 몇 분 만에 수백억 원 상당의 투자금을 조달했다고 언론 등에 소개된 사례가 바로 ICO입니다.

ICO에는 몇 가지 패턴이 있습니다. 그림 63-1 에서 소개합니다.

그림 63-1 ICO의 패턴

① 주식형(주식 등을 발행하는 자금 조달 방법. 예: 특수한 소정의 권리를 부여한 주식)
② 부채형(상환 의무가 있는 형태의 자금 조달 방법. 예: 공모채)
③ 서비스 이용권형 또는 교환권형
④ 자원을 구분해 소유하는 권리를 증권화하는 형태

ICO는 '자금 조달'의 상황에서 자주 언급하므로 직관적으로는 ①과 ②를 떠올리기 쉽지만, 실제로는 ③과 ④가 많이 이루어짐

이러한 패턴 중 하나를 선택할 때는 해당 패턴에 적용되는 법률이 무엇인지 잘 따져야 합니다. 암호화폐 시스템이 국가에 속하지 않는 탈중앙화를 추구하더라도 ICO 자체는 법률과 밀접한 연관이 있다는 사실을 꼭 기억합시다.

참고로 이더리움 블록체인의 스마트 계약에 구현한 탈중앙화된 자율 조직(레슨 49 참고)은 DAO라는 암호화폐를 발행합니다. 미국 증권거래위원회(Securities and Exchange Commission, SEC)는 이 암호화폐를 '증권'으로 정의했습니다.

Chapter 8

시장의 영향을 받기 쉬운 주식형

주식형 패턴은 주식 등을 발행해 자금을 조달합니다. 이 패턴은 시장 가격의 변동 때문에 블록체인 구현에 어려움을 겪을 우려가 있어 스타트업에는 권하지 않습니다.

또한, 주식형은 이해 관계자가 많아지므로 사업 상황에 따라 유연하게 정책을 변경하기 어렵습니다. 따라서 주식형 패턴을 선택했다면 이해 관계자에게 의결권을 부여하지 않는 형태로 주식을 발행하는 편이 좋습니다.

ICO를 진행하기 쉬운 부채형

부채형 패턴은 비교적 진행하기 좋은 ICO입니다. 사모채라면 ICO 진행은 쉽지만, 투자를 권유하는 데는 제한이 있습니다. 불특정 다수에게 투자받고 싶다면 공모채를 발행해야 합니다.

일본에서 ICO를 실행하려면 재무성 아래 재무국에 유가 증권 보고서를 제출해야 합니다. 하지만 1억 엔(10억 원) 미만이면 보고서를 제출하지 않아도 되므로 ICO 진행 과정이 간단합니다. 주식형 패턴과 다르게 이해 관계자에게 사업이 좌우되지 않는다는 장점도 있습니다. 하지만 방금 설명한 이유 이외에 꼭 부채형 패턴으로 ICO를 해야 할 뚜렷한 이유는 없습니다.

ICO 사례가 많은 서비스 이용권형과 교환권형

서비스 이용권형과 교환권형 패턴은 이미 팩톰(Factom)과 이더리움 등의 암호화폐에서 ICO를 진행한 사례가 있습니다. 실제 결과를 낸 탄탄한 ICO는 대부분 서비스 이용권형 혹은 교환권형입니다. 팩텀은 문서의 존재 증명을 주는 권리 교환권을 발행했고, 이더리움은 스마트 계약을 실행하는 연료 교환권을 발행했습니다.

자원을 구분해 소유하는 권리를 증권화하는 형태

공유 경제와 궁합이 좋은 패턴입니다. 공유 경제를 고려한다면 '자원을 구분해 소유하는 권리를 증권화하는 형태'로 ICO를 진행하면 좋습니다. 예를 들어, 주차장 주인 여러 명과 계약할 수 있다면 차 한 대를 주차할 수 있는 공간의 소유권을 구분한 '주차 코인'을 만들 수 있습니다. 이 코인은 지분에 따라 여러 대 주차 공간을 확보하는 등의 소유권을 주장할 수 있습니다.

ICO는 가장 합리적인 자금 조달 수단(사기 목적의 ICO는 말할 가치가 없습니다)이지만 아쉽게도 좋은 결과를 낸 사례가 많지 않습니다. 세미나를 개최하는 등의 노력을 기울이고 있지만, 회사나 서비스에 특별한 가치를 찾지 못하는 상황이 많기 때문입니다.

[사물인터넷과 블록체인]

64 암호화폐를 사용해 사물인터넷 기기 제어하기

사물인터넷 기반의 센서로 데이터를 수집하고 블록체인에 기록하는 방법은 앞에서 소개했습니다. 여기서는 지갑 기능을 포함한 사물인터넷 기기에 암호화폐(토큰)를 보내 기기를 제어하는 사례를 다룹니다.

사물인터넷 기기에 암호화폐를 지급해 사용 권한을 얻는 구조

일본의 스타트업 나유타(NAYUTA)[35]의 타미건(Ptarmigan)은 사물인터넷 기기에 암호화폐 지갑 주소를 할당해 자동으로 사용 권한을 제어하는 시스템입니다.

이 시스템을 적용한 사물인터넷 콘센트는 전원 소켓 스위치의 켜고 끔을 블록체인 기술로 제어할 수 있습니다. 이러한 기능은 방의 문이나 사물함 열쇠 등에도 활용할 수 있습니다. 예를 들어, 민박의 물리적 열쇠를 전달하지 않아도 문을 열 수 있습니다. 스마트 계약과 결합하면 키 발급과 인증까지 자동으로 할 수 있으므로 실제 사용 전까지 예약을 받을 수 있는 장점도 있습니다.

그림 64-1 나유타의 타미건×사물인터넷 콘센트 예

전원 소켓의 소유자가 사용 시간 등의 권한을 제어함

그림 64-1 의 사물인터넷 기기는 비트코인을 송금해 일정 기간 전원을 사용하는 데모 기기입니다. 콘센트 각각에 지갑 기능이 있으므로 비트코인을 송금할 수 있습니다. 그럼 자동으로 송금 여부를 감지한 후 전기를 사용할 수 있습니다.

제어 순서 데이터를 저장하는 암호화폐

앞에서는 암호화폐를 송금해 단순히 전원을 켜고 끄는 사례를 소개했습니다. 이외에도 분산 스토리지와 연결해 더 복잡한 제어 정보를 설정한 암호화폐(토큰)를 구현할 수 있습니다. 예를 들어, 음악이나 조명 등의 기기 제어 데이터가 있는 '미디(MIDI)'라는 암호화폐(토큰)를 만들었

---

35 옮긴이 https://nayuta.co/technology

Chapter 8

다고 생각해 봅시다. 지갑 기능이 있는 악기에서 미디를 받으면 암호화폐 안에 미리 지정한 음악을 순서대로 자동 연주하는 상황을 상상할 수 있습니다.

이 아이디어를 발전시키면 <u>소정의 작업을 실행하도록 프로그래밍한 기기에 암호화폐를 보내 자동으로 작업을 실행할 수 있습니다.</u> 그리고 기기의 실행 결과를 기반으로 또 다른 기기를 실행시키는 등 연쇄적인 경제 활동을 자동으로 수행하는 날이 올 수도 있습니다.

그림 64-2 M2M의 암호화폐 지급이 일반화되는 미래

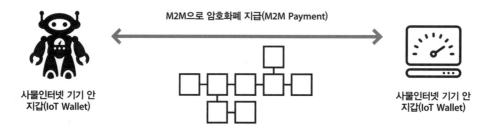

M2M으로 암호화폐 지급(M2M Payment)

사물인터넷 기기 안
지갑(IoT Wallet)

사물인터넷 기기 안
지갑(IoT Wallet)

암호화폐에 제어 정보를 포함해 사물인터넷 기기끼리 경제 활동을 수행함

미래의 암호화폐는 사람과 사람 사이의 가치 지급에 사용할 뿐만 아니라 사람과 기계 혹은 기계와 기계 사이의 거래를 자동 실행하는 세상을 구현하는 데 이바지할 것입니다.

극복해야 할 기술적 문제

장미빛 미래만 있을 것 같은 블록체인과 사물인터넷의 결합이지만, 극복해야 할 큰 문제가 하나 있습니다. 바로, 블록체인의 확장성 문제입니다.

블록체인은 합의 형성 과정과 복잡한 데이터 구조 때문에 초당 수백 회 혹은 수천 번에 달하는 빠른 연산 처리가 어렵습니다. 이를 극복하는 방법이 몇 가지 있는데, 가장 주목받는 것은 <u>세컨드 레이어</u>라는 기술입니다. 블록체인에 연결된 다른 레이어를 만들고 빠른 처리가 필요한 결제 등은 여기서 실행합니다. 그리고 일정 기간의 거래를 모아 차액이 발생하면 그것만 다시 결제하는 방식입니다. 세컨드 레이어 기술이 발전하면 블록체인은 현재보다 수천 배에서 수만 배의 트랜잭션을 다룰 수 있습니다.

[공유 경제]

65 공유 경제에 블록체인 활용하기

물건이나 자원 등을 소유하지 않고 필요할 때마다 공유해 사용하는 개념을 공유 경제라고 합니다. 블록체인에서 발행한 암호화폐를 이용하면 공유하는 자원의 사용 권한을 관리해 공유 경제에 도움을 줄 수 있습니다. 또한, 레슨 63에서 소개한 ICO와 공유 경제는 서로에게 큰 도움을 주므로 궁합이 좋습니다.

공유 경제란?

'공유'는 원래 자원 하나를 여러 명이 공동으로 소유하거나 임대해 사용하는 개념입니다. 경제적 부담을 나누려는 것이 주목적입니다. 그러나 최근에는 자원을 소유한 사람이 불특정 다수의 사용자에게 조건에 따라 사용 권한을 할당하는 비즈니스에 주목하는 중입니다. 이를 '공유 경제'라고 합니다.

공유에 필요한 사용 권한 할당을 구현하는 방법으로 블록체인의 활용도가 높습니다. 예를 들어, 집의 문을 여는 권리를 암호화폐에 담아 발행하고 사물인터넷 기기에 있는 지갑(레슨 64 참고)에 암호화폐를 송금해 설정한 시간 동안에만 문을 여는 것입니다.

 **그림 65-1** 공유 경제에 블록체인 활용

임대인 | 키 토큰 | 임차인 | 스마트 록 | 임대인 집의 문

일정 시간이 지나면 임차인에게 암호화폐를 돌려주는 조건부 트랜잭션을 블록체인에 기록

예를 들어, 민박이라면 집 문을 열 권리를 암호화폐에 설정할 수 있음

전대차 계약의 개념이 바뀜

임대인은 반사회적이거나 미풍양속을 해치는 사람이 올 수 있다는 이유 등으로 전대차 계약[36]을 싫어합니다. 원래 자신이 받아야 할 이익을 타인과 공유하는 것이 싫다는 속마음도 있을 것입니다. 그러나 공유 경제라면 자원의 효율적인 활용 방법과 사회 환원을 고려해 전대차 계약을 활성화하자는 흐름이 발생할 것입니다.

이때 블록체인을 활용해 전대차 계약의 심사 과정에 임대인이 관여하고, 전대차 계약의 이익 일부를 임대인과 자동으로 나눈다는 거래 조건을 설정하면 어떤 일이 일어날까요? <u>블록체인에서 발행하는 암호화폐를 이용해 권한 관리, 권리 이전, 권리 반환을 자동으로 실행할 수 있습니다.</u> 현재 사용 권한이 누구에게 있는지가 명확하므로 임대인도 전대차 계약에서 이익을 얻을 수 있는 것입니다.

공유 경제와는 다른 관점인 자원의 재판매 문제도 블록체인으로 해결할 수 있습니다. 예를 들어, 티켓 양도에 블록체인 기반 전대차 계약 원리를 응용할 수 있습니다.

ICO와 궁합이 좋은 자원 공유

주차장을 대여하는 회사가 새로운 주차장을 만들려는 목적의 ICO를 한다고 생각해 봅시다. 그럼 차 한 대가 주차할 수 있는 공간을 지분에 따라 확보하는 암호화폐 '주차 코인'을 발행할 수 있습니다. 주차장의 부지와 주차 요금으로 얻는 이익을 투자한 지분에 따라 나눈다는 개념입니다.

ICO에 참여해 주차 코인을 소유하겠다는 사람은 주차장을 지을 땅은 없지만, 주차장을 많은 사람이 이용할 것으로 예측합니다. 따라서 별도의 수입을 얻겠다는 목적으로 주차 코인을 소유해 주차장 대여 권리를 얻을 것입니다. <u>이러한 예처럼 다양한 아이디어로 자원을 공유할 수 있습니다.</u>

주차 코인과 같은 개념을 자동판매기에 도입한 '자동판매기 코인'은 어떨까요? 투자한 지분에 따라 자동판매기 여러 대를 소유해 판매 가격을 결정한다면 재밌을 것입니다. 또한, 매출을 나눌 때 충성 고객을 확보한 자동판매기가 있다면 향후 기업 화폐로 발전할 수 있을 것입니다.

---

36 (옮긴이) 임차인이 임대인에게 주택이나 상가 등을 빌려주는 권리를 행사한 후 임대인에게 일정 금액을 받는 계약을 뜻합니다.

암호화폐로 전자 투표 시스템 구현하기

특정 그룹의 구성원(예를 들어 선거권이 있는 사람)이 서명했음을 증명할 수 있지만, 누가 서명(투표)했는지는 알 수 없는 **링 서명** 기술을 결합하면 블록체인을 투표 용도에 활용할 수 있습니다.

전자 투표 시스템 구현

인터넷 보급 이후 지금까지 여러 번 검토했지만 실현할 수 없었던 것이 전자 투표 시스템입니다. 유권자의 관리와 익명 투표라는 상반된 요구 사항을 모두 만족해야 했고, 투표권의 복사를 막기 어렵다는 점을 해결할 수 없었기 때문으로 생각합니다.

그러나 **블록체인에 링 서명(레슨 24 참고)이라는 익명 서명 기술을 결합하면 이러한 요구 사항을 모두 만족할 수 있습니다.** 암호화폐 형태로 블록체인 안에 투표권을 발행해 미리 유권자에게 배포한 후, 원하는 후보의 지갑으로 투표권을 보내는 방식으로 투표하는 것입니다. 그럼 '1인 1표'를 확실히 보장할 수 있습니다.

그림 66-1 전자 투표 시스템

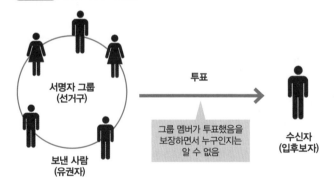

서명자 그룹
(선거구)

투표

그룹 멤버가 투표했음을
보장하면서 누구인지는
알 수 없음

수신자
(입후보자)

보낸 사람
(유권자)

투표자는 그룹(지방 자치 단체)의 멤버(투표권이 있는 주민)에 서명(투표)한 사실을 증명할 수 있음. 그러나 표 각각을 어떤 사람에게 투표했는지는 결코 알 수 없으며, 실시간 개표가 가능한 구조를 만들 수 있음

아이돌 그룹 멤버의 선발 같은 엔터테인먼트 이벤트도 부정행위가 있으면 사회적 지탄을 받습니다. 지방 자치 단체장 선거나 국회의원, 대통령 선거 등은 부정행위를 절대 허용하지 않습니다. 중복 투표를 확실히 막으면서 익명 투표가 가능한 구조를 만들 수 있다는 사실은 매우 큰 발전입니다.

Chapter 8

블록체인에 암호화폐로 투표권 발행

온라인 투표를 구현하려면 먼저 암호화폐 기반의 투표권을 만들어야 합니다. 먼저 선거 관리 위원회가 유권자의 수만큼 암호화폐 기반의 투표권을 만듭니다. 그리고 각 유권자의 투표용 지갑 주소로 투표권을 보냅니다. 만약 종이 투표권을 함께 사용한다면 투표권을 중복으로 사용하지 않을 방안을 마련해야 합니다. 중복 사용 방지 구현은 기술적으로는 그렇게 어렵지 않습니다.

온라인 투표의 가장 큰 장점은 역시 유권자가 투표소에 가지 않고 투표한다는 것입니다. 사전 투표에 활용하거나 스마트 TV, PC, 선거 포스터의 QR 코드로도 투표할 수 있는 시스템을 구축하겠다는 아이디어도 있습니다.

그림 66-2 암호화폐 기반으로 투표권 만들기

온라인 투표가 익숙해지는 사회

온라인 투표 방식은 국가 선거뿐만 아니라 예능 프로그램이나 보도 프로그램 등에서 시청자와의 소통하는 방법에도 활용할 수 있을 것입니다.

예를 들어, 한 예능 프로그램 '비트걸즈'에서는 ICO로 미리 투표용 암호화폐를 판매한 후, 자신이 좋아하는 탤런트에게 암호화폐를 보내 총액으로 인기도를 판단했습니다. 이때 탤런트가 자신의 매력을 갈고 닦아 인기가 더 오르면 시가 총액이 오르는 구조도 있었습니다. 겉보기에는 가벼운 프로그램이었지만, 투표로 얻는 인기도와 주식 개념을 결합해 사회와 경제가 어떻게 동작하는지 경험할 수 있습니다.

그 외에도 프로그램과 소통하는 시청자에게 보상을 주는 리얼 퀴즈쇼, 실시간 여론 조사의 활용 등 다양한 아이디어를 고민할 수 있습니다.

온라인 투표가 당연한 시대가 오면 선거 전략도 상당히 달라질 것 같은 예감이 듭니다.

찾아보기